柒

中華武術大觀

图书在版编目(CIP)数据

张耀忠专辑:太极玄门剑/张耀忠编著.
—武汉:湖北科学技术出版社,2016.4
(中华武术大观)
ISBN 978-7-5352-8594-2

Ⅰ.①张… Ⅱ.①张… Ⅲ.①剑术(武术)—基本知识—中国 Ⅳ.①G852.24

中国版本图书馆CIP数据核字(2016)第072851号

责任编辑:谭学军 徐 竹 封面设计:胡 博

出版发行:湖北科学技术出版社 电话:027—87679468
地 址:武汉市雄楚大街268号 邮编:430070
(湖北出版文化城B座13—14层)
网 址:http://www.hbstp.com.cn

印 刷:随州大同文化有限公司 邮编:441300

787×1092 1/16 6.75印张 4插页 100千字
2016年7月第1版 2016年7月第1次印刷
定价:32.00元

張耀忠

太極玄門劍專輯

長江出版傳媒
湖北科学技术出版社
南粤出版社

鄂新登字 03 號

責任編輯　李慎謙　董　陽
執行編輯　李慎謙
封面設計　秦滋宣　洪清淇
攝　　影　延　民

書　　名　張耀忠專輯・太極玄門劍
（中華武術大觀・7）
編 著 者　張耀忠
聯合出版　湖北科學技術出版社
中國湖北省武漢市東亭路 2 號
HUBEI SCIENCE AND TECHNOLOGY PRESS
2 Dong Ting Road, Wuhan, Hubei, China
南粵出版社
香港域多利皇后街十號 801 室
SOUTH CHINA PRESS
Rm. 801, 10 **Queen Victoria Street, Hongkong**
發　　行　新華書店湖北發行所經銷
印　　刷　湖北省新華印刷廠
版　　次　1994 年 12 月武漢 第 1 版　1994 年 12 月第 1 次印刷
印　　數　1—5 000
規　　格　16 開(185×260mm) 6.75 印張　4 插頁
書　　號　ISBN 7－5352－1620－X/G・462
定　　價　9.80 圓

1

2

3

4

5

6

1. 張耀忠與恩師王培生先生（右）在南寧市留影
2. 張耀忠（前排左六）隨恩師土培生先生赴遼寧省鞍山市講學時，與當地氣功界負責人及部分學生合影
3. 張耀忠與弟子趙茂華練刀對槍
4. 白鶴亮翅
5. 聞鷄起舞
6. 張耀忠指點弟子韓治維練太極拳
7. 張耀忠與師弟張寶聲對劍
8. 張耀忠在研讀太極拳古典經論
9. 張耀忠隨恩師王培生先生（中）赴鞍山市講學間游山留影
10. 張耀忠同家人在一起

8

9

10

總　　序

中華民族，歷來文武并重，“乃武乃文”（《書·大禹謨》）。最初建立國家，都是以武來完成的。周武王於牧野誓師，號令：“稱爾戈，比爾干，立爾矛。”滅掉暴君商紂，立即“歸馬於華山之陽，放牛於桃林之野”。（《書·武成》）春秋宣公十二年，楚敗晉師於邲，楚子明確地指出：“夫文，止戈爲武。”接着進一步指出：“夫武，禁暴、戢兵、保大、定功、安民、和衆、豐財者也。”也就是“武有七德”的説法。武，不可一日廢，但決不提倡“耀武觀兵”。

古代教學，也是文武并重。《周禮·地官司徒·保氏》：“保氏掌諫王惡；而養國子以道，乃教之六藝。”其中“射”與“御”，即着眼於培育國防人才。《文獻通考·選舉考·武舉》：“漢興，六郡良家子，選給羽林期門，以材力爲官，名將多出焉。”《事物紀原·學校貢舉部·武舉》：“《唐會要》曰：‘長安三年正月十七日，詔天下諸州，宜教武藝，每年準明經進士，貢舉例送，此武舉之始也。’”漢、唐以後，歷代相沿。雖有起落，并未中止。

當然，今天的武術運動，只是整個體育事業中的一個組成部分。由於時代的推移，它的作用，應當賦予新的内容。在增强全民體質、提高世界武術運動水平的前提下，挖掘整理傳統套路和鍛煉方法；研討修身養性、攻防技擊等有效成果，以之公諸同好，作他山之助。

本叢書基於上述目的，分輯陸續出版。舉凡各門派有代表性之拳、械具鮮明特色者，兼收并蓄，百花齊放，四海一家，無分軒輊。

“天行健，君子以自强不息。”願八方風動，我武維揚。

《中華武術大觀》編委會

目　　録

前　　言

劍，素有“百刃之君”“短兵之帥”的美稱。在古代，劍不僅僅是作爲軍陣格鬥的武器，還曾作爲權力和地位的象徵，文人學士則把劍作爲風雅的佩飾。

劍以點、崩、刺、劈、撩、掛等劍法爲主，演練起來，剛柔相濟，吞吐自如，瀟洒飄逸，氣勢連貫，因此倍受武術家青睞，其發展迅速，演練形式更是多種多樣，僅其劍術套路就有青萍劍、昆吾劍、武當劍、太極劍、八卦劍、龍形劍、通背劍、醉劍等等，名目不下數百種之多。

太極玄門劍，爲中華武術古老而優秀的劍種。但由於過去傳授極嚴，外人不予相聞，僅屬於武當山護山劍術。後來雖已流傳到民間，但範圍很小，精於此劍者，有的已經過世，有的也已至耄耋之年。此劍套路雖也曾有過印刷本面世，但是只有圖畫而没有注解，圖示亦無動態綫路，後人難於習練，因而已到瀕臨失傳的境地。

我有幸學得此劍，習練近三十年。現年也已六十有五，深恐此劍失傳，故除授徒傳藝外，并將其四十二式和六十四式兩個套路一并整理成章奉獻於世，使其成爲廣大武術愛好者的共同精神財富。

編者 1994 年 10 月於北京

一　太極玄門劍的源流

太極玄門劍，又名太乙玄門劍。是武當護山劍之一，早爲優秀劍種而名踞武林。但其歷來口傳身授，從未正式行於文字，故其源流已不可詳考。據我師王力泉（培生）先生述，此劍係由明代宋遠橋、宋書田、應潔忱等先輩傳流下來。因此劍以太極陰陽哲理爲指導，以太極拳法和老子之“玄牝之門”學説爲基礎，故命名爲太極玄門劍。

我少年從家父聯壁習練軟硬功、扔石鎖、舞鐵棍和道教閉氣功；從 1946 年起習練八極拳和踢、蹬、踩、踩諸般腿法；因職務和戰鬥的需要，常佩用匕首和戰刀，還專練軍人擒拿格鬥劈刺奪槍術；1959 年以來，專修太極功，習練各流派太極拳械；1961 年始，從老泰山趙偉先生習練太極玄門劍，并授我以太極玄門劍口授録鈔本（圖 1－1）。

練習此劍，只覺健身效果甚佳，然對其在實戰中的技擊應用、劍法、劍點不甚明曉。

1980 年，有幸拜在武術名家王培生先生門下。十多年來，恩師面授機理，方得先生真傳實教。從此、如撥雲見日，終於窺見了太極玄門劍的“廬山真面目”，從而結束了以往盲修瞎練的歷史階段，功夫日進，實感幸運之至。

太極玄門劍由我再傳的共有 30 多人。計有：

廣西南寧市師弟：茹世保、蘇小林、方有華、畢堅、林君、雷鳴及張小妹（女）；

河南省焦作市師弟馬洪德；

北京弟子：孫連陸、趙茂華、王孝群、許金鎖、江學軍及師侄于俊卿（女）和學生向榮（女）；

吉林省東豐縣弟子：關景明及徒孫關星海、關星紅、周杰、王永江、李紅艷及孫女王丹；

黑龍江省弟子：張世代、厲勇、趙勇、徐顯鋒、孫慧卿（女）、栾慶利，李華亭及師侄張丙軍、張慶（女）等。

遼寧省鞍山市弟子：周懷恩、王寶林、趙俠、王義、張殿秀、韓治維及徒孫女周澎。

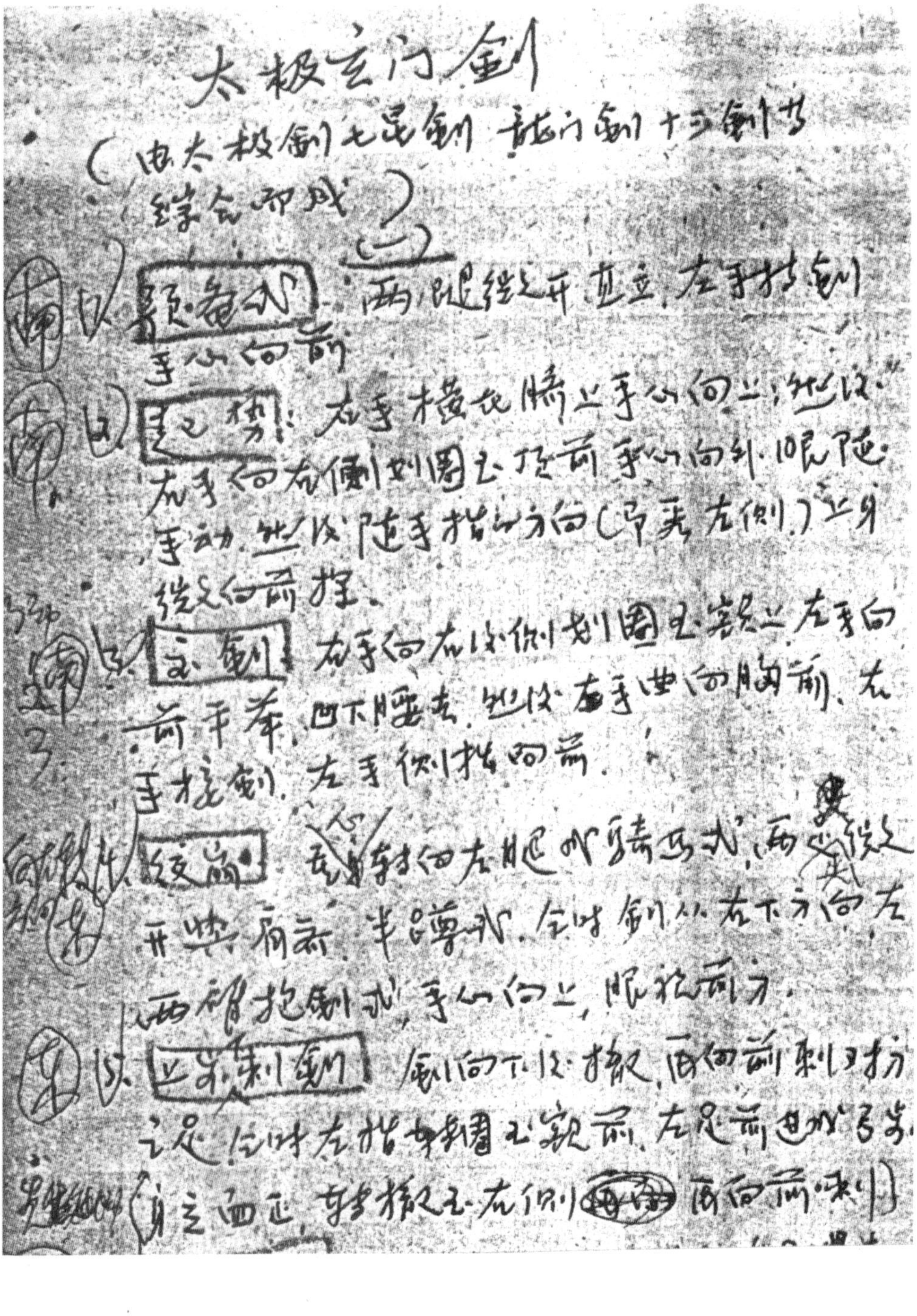
太极玄门剑

（由太极剑七星剑 龙门剑十三剑法

综合而成）

（一）

預备式 两腿并立 左手持剑 手心向前

圖 1－1

二　太極玄門劍的特點

太極玄門劍劍把和劍訣

劍把

劍把的名稱，是根據握劍的手型而定；握劍的手型，是依據所使用的不同劍法、劍點的要求隨時變換的，所以劍把的握法要做到“三得”，即得手、得法、得利。

太極玄門劍劍把的名稱有下列八種：

（1）陰把

凡手心朝天，手背朝地（或手背大部分朝地）者爲陰把。所謂陰把是指其勁路走的是手三陰經，則手少陰心經、手厥陰心包經和手太陰肺經，其勁源由前胸而發出（圖 2－1）。

圖2－1

圖2－2

（2）陽把

凡手背朝天，手心朝地（或手背大部分朝天）者爲陽把。所謂陽把，其勁路走的是三陽經，即手少陽三焦經、手陽明大腸經和手太陽小腸經，其力於脊發出（圖 2－2）。

（3）順把

出劍時，橈骨向裏順轉，手心朝左。順把亦屬陰把（圖 2－3）。

（4）逆把

出劍時，橈骨向裏反轉，手心朝右。逆把亦屬陽把（圖 2－4）。

（5）内把

手心朝裏，手背朝外（圖 2－5）。

圖2-3

圖2-4

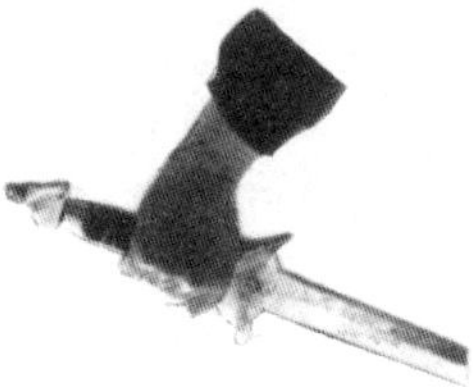

圖2-5

圖2-6

(6) 外把

手心朝外，手背朝裏（圖 2－6）。

(7) 合把

雙手手心相向握劍把爲合把（圖 2－7）。

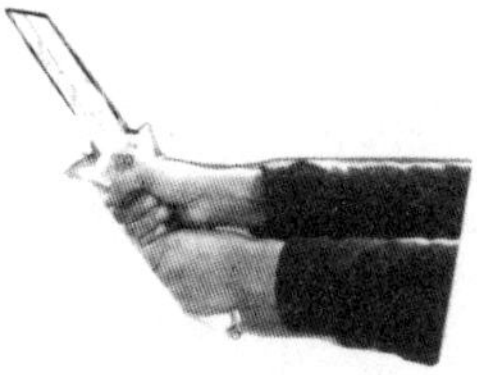

圖2-7

圖2-8

(8) 鉗把

虎口和拇指、食指、中指夾持劍把，無名指和小指鬆開（圖 2－8）。

劍訣

運劍時，未持劍手的食指和中指并攏伸直，拇指和無名指、小指回屈，而指尖不相接，使氣貫指尖，此稱爲“劍法”（上聲），用於趁隙戳點對方之要穴；食指和中指并攏伸直，拇指和無名指、小指回屈於掌心，而指甲蓋相貼，以使内氣和順，且可格擋對方之器械，此稱爲“劍指”。二者統稱爲“劍訣”（圖 2－9、圖 2－10）。

（1）劍法（上聲）

圖2-9

（2）劍指

圖2-10

太極玄門劍的身法

太極玄門劍之運動，恰似“游龍飛鳳”變化莫測。故有“身法無定也有定，千變萬化難形容”之說。身法隨劍法的變化而變化，各種劍法都表現爲不同的身法，而劍法的變化又在於身法的變化。身法的變化又與步法的變化密切相關，身隨步轉，劍掩身形。身法的變化則以腰爲樞紐，腰動，周身動，左旋右轉，俯仰屈伸，升降開合，起落鑽翻，奔躥跳躍，抽撤閃擰，剛柔相濟，快慢相間，無論怎樣動作，周身協調爲一個整體運動。

人體的運動姿勢，實際都是卦象的變化，任何一種姿勢，都叫作“象”。所謂卦象，就（--）陰（—）陽，人體的上、中、下三盤，三節四梢，和前後左右，不論何種姿勢，無非是陰陽動静、虚實、剛柔，都脱不開《易經》之哲理，如太極歌云：

太極原生無極中，混元一氣感斯通。
先天逆運隨機變，萬象包羅易理中。

劍術運動，要求周身協調，輕靈活潑，運動作勢均以腰爲主宰，爲樞紐，腰如車軸，四肢爲輪，以軸貫輪。腰又如魚網之綱，綱舉則目張，所以説“命意源頭在腰間”，要“刻刻留意在腰隙”。“腰”字的創造，也生動形象地表明了，腰是人體的重要部位，身法之變化，全在於腰，動腰就是在於兩腎的左旋右轉，上下升降，一開一合。腰一動催動四肢動，腰是管四肢的總機關。正確地運用身法，就必須學會轉腰。所謂上下一條綫，全憑左右轉，是指上、中、下三個丹田，要取成垂直綫，叫作“立身中正”。兩腎圍繞中軸來左右旋轉。

身法之運用，又與步法、劍法、眼神有着密切的連帶關係，要求身隨步轉，劍掩身形，眼走劍追，協調配合，手眼身法步，步眼身法合（和），處處做到内外三合。

所謂外三合，實際上是固定穴道之交叉合。例如，肩與胯合，是肩井穴與環跳穴交叉合；肘與膝合是曲池穴與陽陵泉交叉合；手與足合是勞宫與涌泉交叉合，如此相合才會出合勁，否則事倍功半。所謂上下相隨亦即手脚相隨，肘膝相隨，肩胯相隨。

所謂內三合，是心與意合，意與氣合，氣與力合。心和意是一個意思，均屬人腦的產物——意念，意到、氣到、力到。外三合是由於心意活動的支配而達成的，所以內外三合實質上是一致的，是謂六合。其中最關重要的是眼神，眼爲心之苗，眼神先走，意追眼神，合勁才真正出來（參見圖 2－11、圖 2－12）。

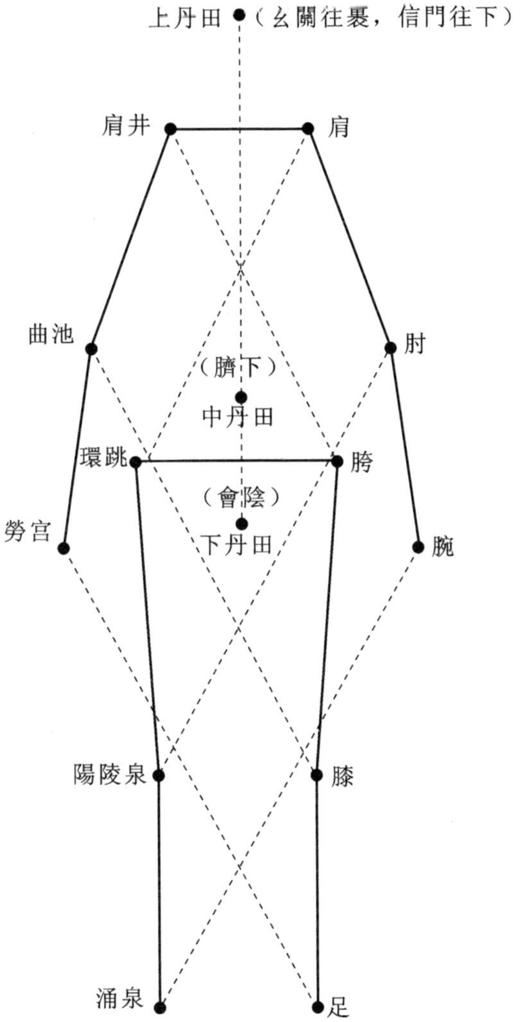

圖 2－11　外三合與三田合一示意圖

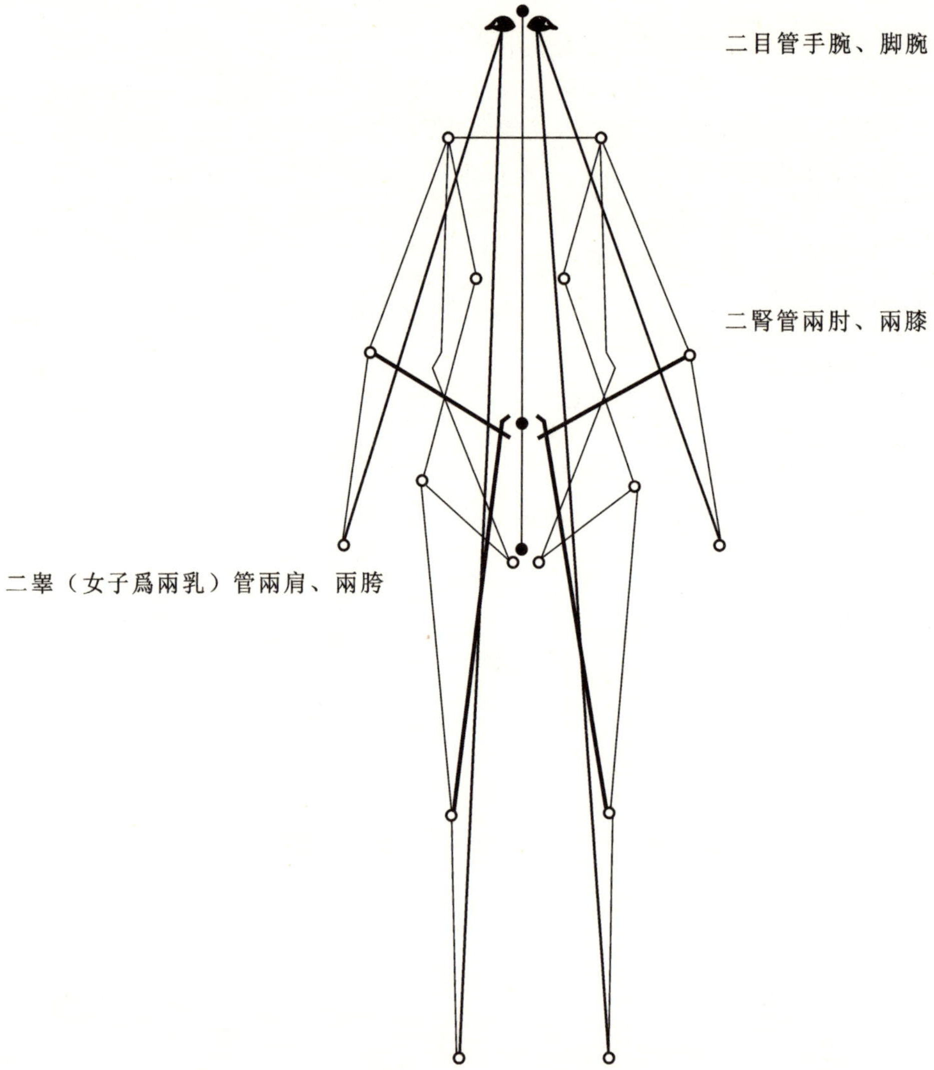

圖 2－12 “六球”與四肢大關節穴道關係示意圖

太極玄門劍的步型步法

拳爲劍之母，步爲拳之根。步，同樣也是劍術之根基。太極玄門劍的步型步法，種類較多，變換較頻，玆分述如下：

弓步：亦稱弓蹬步、弓箭步。弓步又分左弓步、右弓步。左腿屈膝，右腿伸直，爲左弓步，反之則爲右弓步。

馬步：亦稱馬襠步，或騎馬蹲襠步。兩脚分開，稍寬於肩，兩足平行，足尖微向外擺，兩膝外敞，膝蓋尖對準脚尖正中，鬆腰沉胯提肛。

半馬步：兩脚分開，稍寬於肩，兩脚尖外擺成90度，後腿承擔體重的70%，前腿承擔體重的30%。

仆步：一腿屈膝下蹲，另腿伸直成“一”字型，前脚尖裏扣，脚掌着地。

虛步：虛步分丁虛與跨虛兩種。丁虛步，兩腿微屈，後脚踏實，前脚跟離地，脚尖點地；跨虛步，（又稱跨仙鶴，跨鶴坐，跨車沿）後腿屈膝半蹲，前腿提膝，即鬆胯提膝，前脚跟離地，脚尖點地。

歇步：則休息之意。兩腿交叉屈膝蹲坐，前脚尖外擺（打横），全脚掌着地，後脚跟提起，脚掌着地，臀部坐於小腿之上。

跪步：一腿屈膝下蹲，踏實，另腿膝蓋按近地面（勿貼地），脚跟提起，脚掌着地，臀部坐於小腿之上。

獨立步：亦分兩種。一種是一腿支撑全身，另腿屈膝提起，脚尖綳直，微向内收；另一種是一腿屈膝下蹲，另一脚腕鈎貼於前腿之膕窩處夾緊，脚面緊貼於前腿外膝，脚掌露於膝外側，名爲太公坐。

并步：兩脚靠攏并齊，兩腿直立或微蹲。

上步：一腿邁出一步爲上步。

進步：兩腿交互邁進兩步以上爲進步。

退步：亦稱卸步，一腿後撤或兩腿交互後撤。

倒插步：一腿向另一腿後倒插，兩腿絞緊綳直。

蓋步：一腿向另一腿前邁，或用脚向另一腿前扁踹，皆爲蓋步。

縱轉步：前脚躍進，後脚繼躍，同時轉體爲縱躍。

閃步：收一腿向另一腿靠攏，以側身避敵爲閃步。

開步：一腿向側方橫跨拖拉爲開步，開步也稱閃步。開步要求步法變換靈活、敏捷，起落輕利，身隨步轉，步隨身換。

太極玄門劍的眼神

臨戰之時，生死之關，不勝必敗，敗則死，既戰必争百勝，知己知彼，方能百戰不殆。

欲知彼，首靠眼神。諺云：“眼觀六路，耳聽八方”，“不打勤，不打懶，專打没有眼”。二目於戰時的作用，專事觀察，監視敵情，上下打量敵人。是謂“神打”，“看他一眼也要吓他一跳”。

觀察敵人的動作表情，内外五行，七情變化，觀其外知其内，一投眼就要看透其心。如驕傲的表情，恐懼的表情，滿不在乎的表情或沉着冷静的表情。驕兵必敗，輕敵必敗，懼敵必敗，彼我相同。狂怒者肝火盛旺，易急躁冒進，多失誤；畏縮者心中無底，多貽誤戰機；先舞動手脚器械亂吼亂叫者是恐吓，或爲其自身壯膽，勿被假象所迷惑，因爲是他自己害怕而反欲使我心中發愣。一般要盯其心胸，攻其心胸，有的放矢，靶中紅心。

量敵分上、中、下三乘，觀上、中、下三盤。觀上盤，只要盯住敵方兩只眼睛，即可管其全身。眼爲心之苗，心怎麽想，眼怎麽動，若敵望我一眼回頭就走，此屬佯敗。佯敗不可追，追時須穩重，冒失易上當，提防回馬槍。觀其兩肩，管其兩臂，器械不過是手臂的延長而已。肩爲上肢根節，手臂欲動，肩必先動。觀其兩胯管兩腿，胯爲下肢之根節，脚步欲動胯先動，彼上步即削之。如本劍術中之“偷步掃蹄”“秋風掃葉”“鋪地錦”“退步撩陰”“白蛇吐信”等式均屬攻腿之招。

太極玄門劍的傳統劍法

劍器各部位的名稱見圖 2－13。

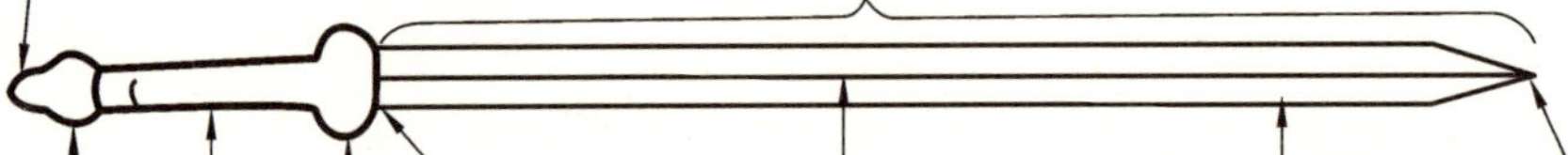

圖 2－13　劍器各部位的名稱

太極玄門劍的傳統劍法，概括起來就是擊、刺、格、洗四個字。分述如下：

擊：擊者打也。例如，擊打、敲擊、襲擊、遊擊、聲東擊西等。

諺云："劍刃直利於擊刺。"劍術的擊法，是進攻敵人的基本方法。擊法包括直擊、橫擊、斜擊、撩擊等。劍由上往下劈、剁爲直擊；由左或右向前平斬爲橫擊；由斜下向上或由斜上向下之截法爲斜擊；劍由下向上撩爲撩擊，此外如崩、點、挑法等均屬擊法。

擊法猶如廟中道士敲磬，磬如敵人之形體、劍器則以磬錘，術者手持磬錘（劍）任意擊打。諺云："劍如飛鳳上下翻飛，一擊一刺，如鷄啄米"，"劍如百鳳，裹劈外掛，不迎不架，避青入紅"。

刺：刺者刹也。運用鋒利之劍尖去戳刹敵人爲刺。刺法也是進攻敵人的主要方法。劍刃朝上下爲立刺，劍刃朝左右爲平刺，刺法又分上、中、下三路，再細還分上刺、下刺、中平刺、低平刺、反刺、抱刺、低抱刺等。刺法在實戰應用中，不管敵人姿勢高低，凡其頭、面、喉、肩、胸、腹、手、臂、襠、腿、膝、足等任何部位均可戳刺。劍的刺法，雖然使用的是劍尖，但在實際行刺之時，必須意在劍身之前七寸處，方爲有效，過與不及，皆不得法，這在過去是不傳之秘。諺云："劍舞如花絮，劍刺如鋼釘。"

格：格者擋也。即阻擋、格斷、格開之意。也包含格鬥、格刹的意思。格法主要是防禦敵人擊來之兵刃器械的方法。但是格法并非單純的防禦，而是防中寓攻的辯證統一法，格鬥之後隨即反攻。格法有上下格、左右格、旁側格之分。格時是運用劍身中間縱向之劍脊（劍鍔）接觸敵之器械。此外，劍柄、劍盤（劍格、護手）以及劍訣（指）均可用之於格。

洗：洗者刷也，清除也。劍術之洗法，是洗敵人的眼睛。即以洗法去擾亂敵人的視綫，使其眼花撩亂、目瞪口呆，藉以造有利於我之攻擊機會。諺云："劍如彩鳳上下翻飛"，"往來飄忽，如蛇繞枝"，"劍似飛龍騰雲"，"劍如吐蕊"等。此外，洗法亦可卷帶敵之器械，或撇開敵械趁虚而入，具體洗法有剪腕花、正反撩花、左右側立花、前上方之平面大花、經身前之正立花、經身後之背花、雲劍之頂平花等，皆具虚中寓實，防中寓攻，欺詐擾敵之意。運用洗法時，須意想劍尖部位似有個狀如蓮蓬的噴水頭，洗法猶如向敵人噴灑澆淋，方爲得法。

三　太極玄門劍基本功

練習基本功，是爲了抻筋拔股，拉開大關節，爲舞劍作準備活動。俗稱："先活動身骨"，或曰"熱身運動"。基本功主要是運動腿脚，使其既輕靈而又穩健，這樣舞起劍來方能體現飄灑矯健。

基本功名爲七星八步。七星者：頭、肩、肘、手、胯、膝、足。八步者：自然步、坐步、虛步、弓步、仆步、獨立步、扣擺步、歇步。

在練習時，意念逐次專注上述七個部位，順次做以下八種步法：

（一）預備式：

面南站立，兩脚并齊，意想陰陵泉相貼，尾骶骨由後向前上回鈎鼻尖，兩目向前平視遠方，兩臂自然下垂，全身放鬆，心情安定，精神內守，旁若無人，虛、静、鬆、空。

（二）頭（首）星、自然步

按預備式，鬆右肩，墜右肘，隨後右手抬起，右掌立於當胸，掌心向左，中指尖與鼻尖齊，意想中指尖找人中穴，人中穴找中指尖；左手抬起捂於肚臍上（圖 3－1）。此式爲道教儀注，名問心掌。

圖3-1

圖3-2

隨之，目視右前方，同時頭部之後頂（百會穴後面）向上頂起，脚跟離地，意想後頂追眼神視綫，然後脚跟落地。雙目轉視正前方，後頂追視綫，脚跟離地，然後脚跟落平。此屬踵息法，"至人息以踵，由脚跟而頭頂一氣呵成"，目的是疏通由脚跟至頭頂之氣脈。緊接着頭向左轉，目視左前方時左手抱拳，目視左前下，左脚向前上一大步（圖 3－2），右腿跟進，與左足成并步；同時左拳向左上方直衝，右手掌扶於左臂彎處（圖 3－3）。繼之，撤右步，栽左拳；意想後頂追拳眼，身前傾（圖 3－4）。左足蹬地，并借蹬地的反作用力，身體後移，兩臂向後分展如飛騰，兩足并步，合掌當胸（圖 3－5）。

圖3－4

圖3－3

圖3－5

（三）肩星（坐步）

接上式，重心右移身下蹲，左手左足同時前出，左手心朝裏，拇指對準鼻尖；右手中指扶於左臂彎處，左足尖翹起，足大趾回鈎，足跟着地，盡量將足後跟之懶筋至頭頸部之脖筋抻開。諺云："寧練筋長一寸，不練肉厚三分"。"筋和者昌，筋硬者亡"，此爲右肩星（圖 3－6）。還原成圖 3－5，續做左肩星，左肩星動作與右肩星動作相同，左右相反（圖 3－7）。

圖3-6

圖3-7

（四）肘星（跨虛步）

接上式，左肘向後平拉，左肘之曲池穴向後下沉墜，右手向前平伸，鬆坐左胯提右膝；右足尖點地，目視前方。此爲右跨虛步（圖 3 - 8）。隨之，右肘尖向正西平拉，尾骶骨隨右肘移動，右足前進半步，左脚隨跟進半步，屈膝略蹲，重心寄於右腿；左手向前平伸，左足尖點地（圖 3 - 9）。

圖3-8

圖3-9

（五）手星（弓步）

接上式，左手背向左前探貼，左足向左前上一步，屈膝前弓；右掌根按於左手腕脈門，右腿伸展，右足後蹬；目視左前方。此爲左弓步（如圖 3－10）。

右手背向右前方探貼，右腿隨之向右前上一步，屈膝前弓；左掌按於右腕脈門，左腿後蹬；目視右前方，此爲右弓步（如圖 3－11）。

圖3-10

圖3-11

（六）胯星（仆步）

接上式，意想右胯環跳穴往右足涌泉穴上落，右腿屈膝略蹲，重心移於右腿；左腿隨移向右腿之左側伸直，使兩腿成仆步，同時，右臂屈肘，右手心向下，虎口靠右肩，左臂向左伸直，手心向下，停於左足外踝骨垂直綫上；目向左平遠視（圖 3－12）。

然後，意想左胯往左足上落，左腿屈膝略蹲，重心移於左腿；右腿隨移向左腿之右側伸直，兩腿成仆步；同時，左臂曲肘，左手心朝下，虎口靠近左肩；右背向右伸直，手心向下停於右外踝骨垂直綫上；目向右平遠視（圖 3－13）。

（七）膝星（獨立步）

接上式，重心右移，收肚臍，提左膝，左臂前伸，左手拇指扣於手心，右手捂於臍上；目視前方（圖 3－14）。左足向前落地；收肚臍提右膝，右臂前伸，右手拇指扣於手心，左手捂於膝上；目視前方（圖 3－15）。

圖3-12

圖3-13

右足向前落地；收肚膝，提左膝，左臂前伸，左手拇指扣於手心。右手捂於臍上；目視前方（圖 3-16）。

圖3-14

圖3-15

圖3-16

（八）足星（扣擺步）

接上式，左足落地，足尖裏扣，約距右足尖 10 厘米與左足成八字形；左手扶於右肘曲池穴上，右手背貼於左肘少海穴上；空胸緊背兩膝相貼，尾骶骨下蹲；目視前方（圖 3－17）。

右背向右擺，虎口朝下；同時右腿隨向右上步，左手置於小腹右側，目視右手虎口；兩腿成馬襠步；左腿承擔體重的 70％，右腿承擔體重的 30％（圖 3－18）。

右手心扶於左曲池穴上，左手背貼於右肘，少海穴上；左腿上步，向右轉體 180 度，足尖裏扣，與右足成八字形，空胸緊背，兩膝相貼，身體下蹲（圖 3－19）。

右臂右腿向右後方同時擺開，兩腿成馬襠步，左手置於右小腹前；目視右手虎口（圖 3－20）。

（九）收式（童子拜佛〈歇步〉）

接上式，左肘向左平帶將右腿帶起盤於左膝上雙手合掌當胸成童子拜佛狀（圖 3－21）。右足隨即向前扁踩落地，左膝抵於右腿膕窩處。身體向下蹲坐成歇步（圖 3－22）。然後左腿後撤，右腿回收，右足向左足靠攏并齊，兩手向前伸平，兩臂分向左右平展，隨後緩緩落下（圖 3－23、圖 3－24）。

圖3-17

圖3-18

圖3-19

圖3-20

圖3-21

圖3-22

圖3-23

圖3-24

四　太極玄門劍四十二式

太極玄門劍四十二式譜

1. 預備式
2. 仙人指路
3. 單展藏劍
4. 遮劍法
5. 上步斜刺
6. 俯身剪腕
7. 青龍戲珠
8. 劈山式
9. 回山抱月
10. 釣魚式
11. 太陽針
12. 扯旗群來
13. 高山滴水
14. 怪蟒捕羊
15. 太公釣魚式
16. 太公魚台坐
17. 扁擔式
18. 玄貫劍
19. 摘星法
20. 匡敵式
21. 閃刺脅肋
22. 腋裹藏花
23. 海底撈月
24. 鷂子翻身
25. 青龍戲珠
26. 巧釘腕
27. 退步撩陰
28. 白蛇吐信
29. 龍出洞
30. 趕三劍
31. 撩三劍
32. 鋪地錦
33. 反剁式
34. 高山探海
35. 暗算劍
36. 摘星劍
37. 閃襠擭胯
38. 二郎趕太陽
39. 八卦劍
40. 撩三劍
41. 秋風掃葉
42. 收勢還原

太極玄門劍四十二式動作圖解

1. 預備式

面南站立，兩脚并齊，兩膝相貼，雙目向左平視；左臂自然下垂，貼於身體左側，左手心朝左，反握劍把，劍身竪直，緊貼左臂外側與身體平行，劍尖朝上，劍面朝左；右手成劍指，橫平於腹前，貼於肚臍（圖4－1）。

2. 仙人指路

右手劍指向下、向右、向上劃弧至頭頂，手心朝天，指尖朝左；同時頭部左轉，目視左前方；收小腹，上身微向前傾（圖4－2）。

3. 單展藏劍

右手劍指沿身前順時針方向劃一大立圓，復至頭頂原托天位置；同時，左臂向左側抬起，高與肩平，手心朝後，劍身隱藏於左臂後面，劍刃朝上下；頭部轉向正前方，雙目平視；左腿前伸，脚尖翹起，左腿屈膝坐實，尾骶骨對正右脚後跟（圖4－3）。

4. 遞劍法

左手持劍向右劃弧至右肋，右手落下接握劍柄，劍刃朝上下，劍尖略高於劍柄；左手遞劍後變爲劍指隨即向正前方指，左臂微彎，劍指尖翹起，高與鼻平；兩眼順劍指尖上方向前平視（圖4－4）。

圖4－1

圖4－2

圖4－3

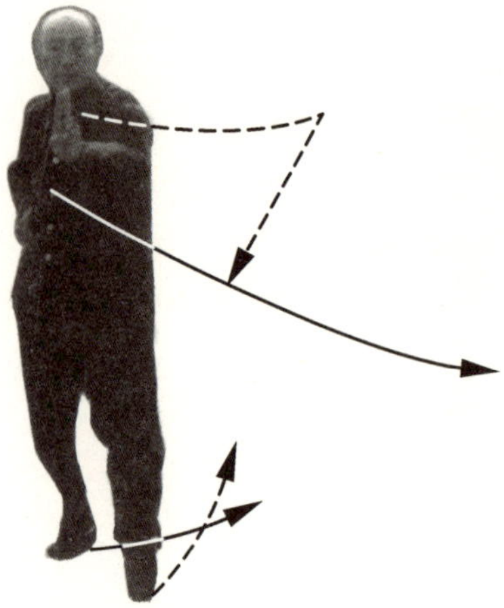

圖4－4

5. 上步斜刺

左手劍指由南向東引導，左脚向左橫開 90 度，脚跟着地，身隨步轉，朝向正東；左脚踏實，右脚跟步向左脚并攏，兩膝微屈；同時右手持劍向左斜刺，左手劍指扶於右腕橈側，劍刃朝上下，目視劍尖（圖 4－5）。

6. 俯身剪腕

左脚向左前方邁出成左弓箭步，上體前俯；同時，左手劍指向左後上劃弧；右手持劍於身前劃一立圓向前剪腕，劍身扁平，手心朝上；目視劍身前端（圖 4－6）。

7. 青龍戲珠

右腿向前上步，左膝提起，右手持劍於身體右側劃一立圓，隨即將劍托起端平，劍尖朝前，劍刃朝上下；左手劍指順劍刃方向前指，坐腕翹指，指尖高與鼻尖平，左臂微彎；兩眼從指尖上方向前平視（圖 4－7）。

8. 劈山式

（1）左脚尖點地；右手揮劍按逆時針方向在頭前上方劃一平圓，隨向前下平劈，右手劍指扶於右腕（圖 4－8）。

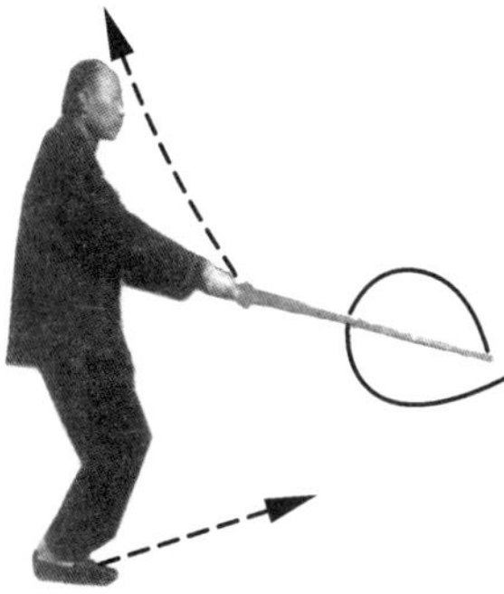

圖4－5

圖4－6

圖4－7

圖4－8

（2）左脚上半步脚尖外擺，右脚上一步，脚尖裹扣；身體左轉 90 度（由朝東轉向朝北），兩臂交叉（左臂在裹右臂在外）繞肩花，右手掄劍向右側平劈，劍身與右臂平直，左手劍指從右側平展；目視劍身（圖 4－9）。

9. 回山抱月

右脚尖裹扣，左脚收於右脚旁，身體向左轉 90 度，面朝正西；左脚尖點地，同時，右手持劍向左平帶，隨將劍把往腹部回抽，劍尖略高，左手劍指捧於右手背尺側；目視前方（圖 4－10）。

10. 釣魚式

重心下降，左脚儘量向前邁進，弓左膝，右腿伸直，右脚横平，脚内側着地；雙手向前推劍低平刺；目視劍尖（圖 4－11）。

11. 太陽針

（1）左脚裹扣，右脚外擺，雙手持劍向右横掃 180 度（由面朝西轉向面朝東）隨成右弓箭步；目視劍端（圖 4－12）。

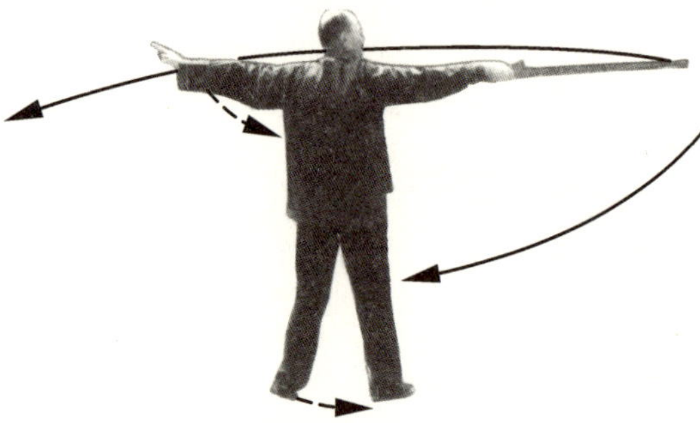

圖4－9

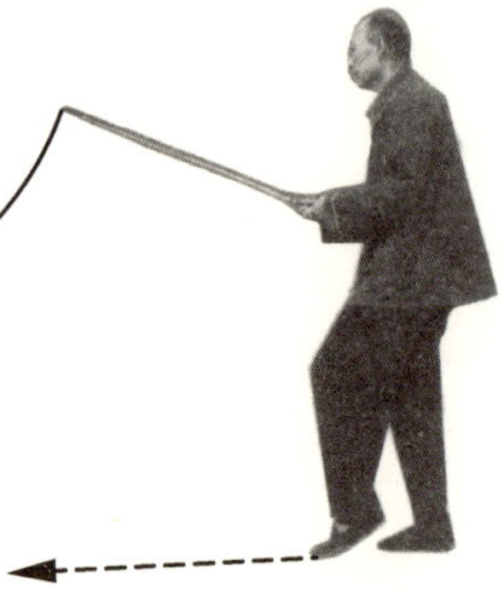

圖4－10

圖4－11

圖4－12

（2）起身，左脚向前邁進成左丁虛步，右手持劍屈肘扣腕向右後下撩劍，左手劍指扶於右腕；目視劍端（圖 4－13）。

（3）左脚向前上半步，右脚向前上飛起踢擋；同時右手翻腕向前上撩劍，左手劍指扶於右腕尺側；目視正前方（圖 4 14）。

（4）右脚落下前蓋，左腿屈膝下蹲成歇步，右手持劍向右後平刺，兩臂平展；目視劍尖（圖 4－15）。

12. 扯旗群來

（1）右手將劍身崩直，目視劍尖；同時，左手坐腕，指尖翹起（圖 4－16）。

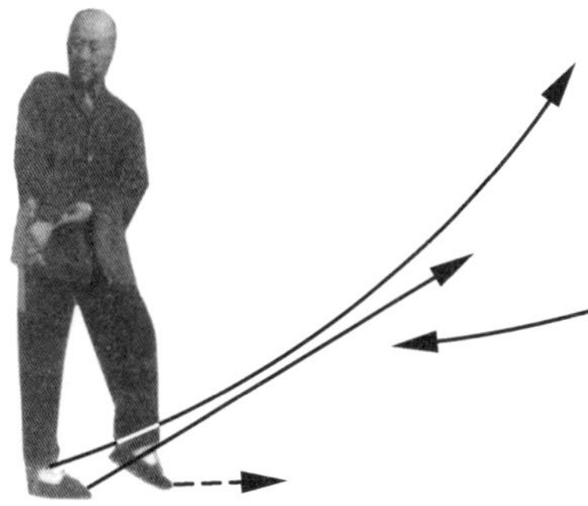

圖4-13

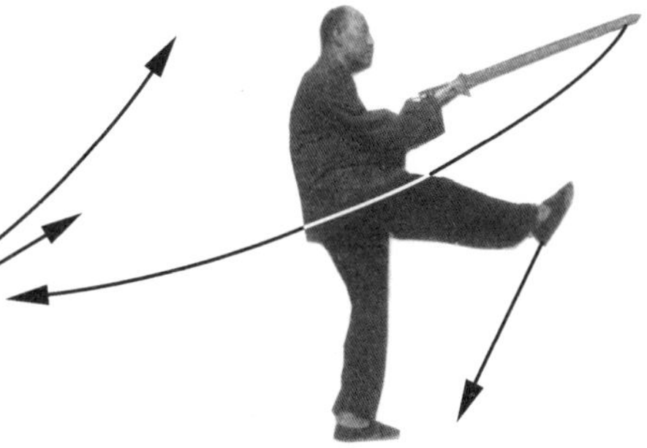

圖4-14

圖4-15

圖4-16

（2）起身左轉 270 度（面南）復成坐盤步；同時，右手持劍隨身體蹲坐將劍身帶平，劍把貼近左耳，劍尖朝西，劍指扶於右腕外側；兩眼順劍身向前凝視（圖 4－17）。

13. 高山滴水

（1）起身，左腿後撤，同時，兩手分開，右手持劍猛向右後斜帶，左手劍指撤於左胯側（圖 4－18）。

（2）右脚向前上步，左脚隨跟，右手持劍向右前上刺，左手劍指同時向右前指（圖 4－19）。

（3）退左步，撤右步，右手持劍向左上角刺，左手劍指同向左上指，目視劍端（圖 4－20）。

圖4-17

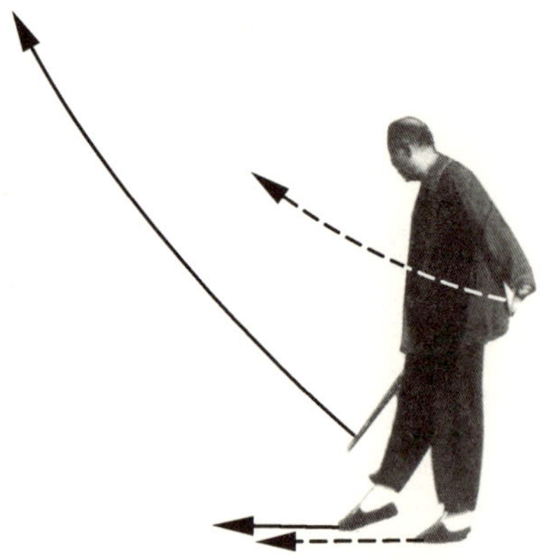

圖4-18

圖4-19

圖4-20

（4）右脚向右後退一步，左脚向右腿後插步，身下蹲成坐盤步；同時，右手持劍向右下劃弧復向右後上反撩，右腕儘量向右擰轉，劍身豎直；左手收於右肩前，指尖朝上；身軀向右擰轉，扭頭側仰，目視劍尖（圖 4－21）。

14. 怪蟒捕羊

起身，右腿後撤，脚尖點地；右手持劍，向後下引帶，隨即翻腕絞劍復以劍身反向下按壓。左手劍指收於左胯外側（此時面朝正西），目視前下方（圖 4－22）。

15. 太公釣魚式

左脚向前上半步，脚尖虛點地，左手劍指前伸，指尖朝上手心朝前；右手持劍向右後平拉，劍尖略高於劍鐔；眼看前方（圖 4－23）。

16. 太公魚臺坐

左脚上半步；右脚勾於左腿膕窩，脚面緊貼左膝外側；屈左膝蹲身，重心移於左腿；同時，右手持劍向前直刺，左手劍指托於右腕尺側，身向前探，目視劍尖（圖 4－24）。

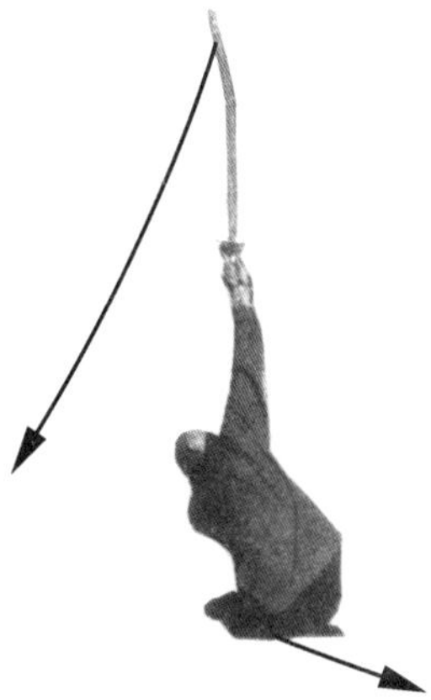

圖4-21

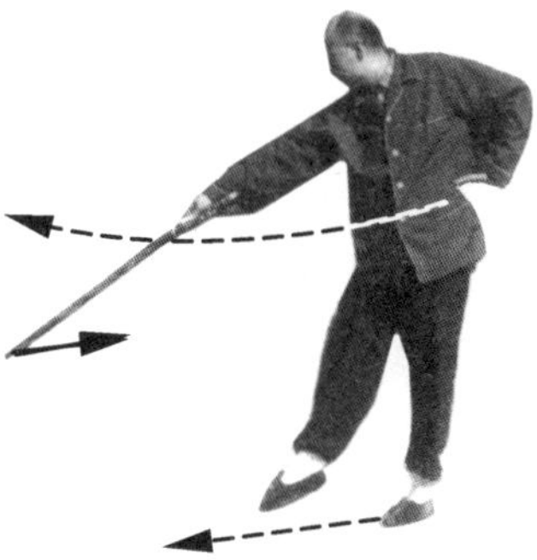

圖4-22

圖4-23

圖4-24

17. 扁擔式

上體微起，右脚落地；以兩脚掌爲軸原地向右旋轉270度（面朝正南），隨屈膝蹲身成坐盤步；同時右手持劍向右橫抹，兩臂平展；目視劍端（圖4－25）。

18. 玄貫劍

起身向左轉90度；上左步跟右步，兩膝微屈；同時，右手持劍向左橫格；兩手腕交叉，左腕在下掤住，右腕附於左腕，劍尖斜下低垂；目視劍身（圖4－26）。

19. 摘星法

（1）右脚後撤半步，右手持劍向上橫提，左手劍指下按（圖4－27）。

（2）隨即向右轉體180度，由面東轉爲面西；提左膝，右手持劍向上直舉，左手劍指前伸，臂微彎，坐腕翹指；目視前方（圖4－28）。

圖4-25

圖4-26

圖4-27

圖4-28

20. 匣敵式

左脚落於右脚前，脚尖點地；右手揮劍下劈；左手劍指扶於右腕；目視劍身（圖4－29）。

21. 閃刺脇肋

右手持劍横平於身前，劍尖朝左，劍面微前傾，左手劍指扶於劍面，向外推按，目視劍尖；左脚尖外擺，按逆時針方向走八步轉一圓圈回到原位（面朝西）（圖4－30、圖4－31）。

22. 腋裹藏花

右腿屈膝下跪，膝不着地，左腿屈膝；右手持劍下按，左手劍指翹起，手心朝前，臂微彎；目視前方（圖4－32）。

圖4－29

圖4－30

圖4－31

圖4－32

23. 海底撈月

起身，右手持劍向上平提，高過頭頂；同時提右膝，劍指不變；目視前方（圖 4－33）。

24. 鷂子翻身

上體向右後翻轉，轉體 90 度，右腳向右後落步，腳尖朝北，兩腿伸直；同時，右手持劍翻腕向右後平劈；左手劍指由下向上劃弧，指尖朝右；目視劍端（圖 4－34）。

25. 青龍戲珠

右手持劍向下、向後、向上劃一立圓，隨將劍把托起，劍身端平，劍尖朝東；與此同時身體右轉 90 度（面東）；左膝提起；左手劍指前指；目視前方（圖 4－35）。

26. 巧釘腕

右腳下落，腳尖點地；右手持劍於右上方劃一小圓隨即向下一點，復向上崩起，以食指、中指、拇指和虎口挾持劍把，劍身距右肩約 10 厘米；左手劍指扶於右腕；目視前方（圖 4－36）。

圖4-33

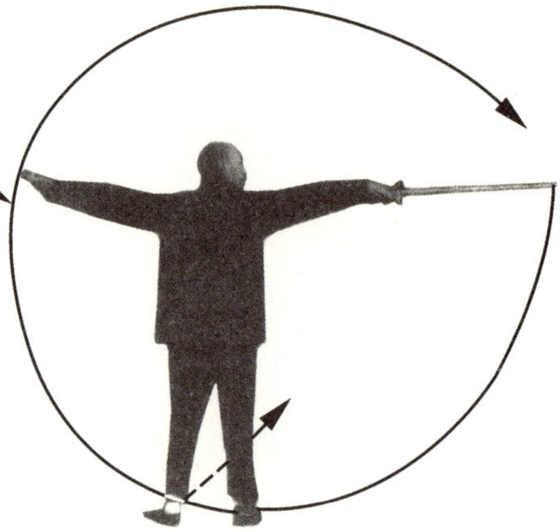

圖4-34

圖4-35

圖4-36

27. 退步撩陰

上右步，右腳尖裏扣，左腳向右腿後插，同時，身體向左轉 90 度（面北），隨下蹲成歇步；右手持劍先向左劃弧，繼向右後上反撩；左臂後展；目視劍端（圖 4－37）。

28. 白蛇吐信

（1）起身左轉 180 度（面南）；轉身同時，兩臂伸展如雄鷹盤旋，右手翻腕將劍尖向下折回（圖 4－38）。

（2）緊接上動，右腳前伸，腳尖裏扣，屈右膝，兩腿成仆步；右手持劍翻腕向右刺去（圖 4－39）。

（3）劍身向上繃直，目視劍尖（圖 4－40）。

圖4-37

圖4-38

圖4-39

圖4-40

29. 龍出洞

（1）起身右轉 90 度（面西），右手持劍橫平於腹前，劍尖朝左，左手劍指扶於右腕；左脚上步，右脚隨跟，脚尖點地（圖 4－41）。

（2）退右步，撤左步，左脚尖點地（圖 4－42）。

（3）由左脚起連續跳躍三步，在跳躍中向左旋轉 360 度成左弓步直刺，劍尖朝正西，左手劍指向左上揚起；目視劍尖（圖 4－43、圖 4－44、圖 4－45）。

圖4-41

圖4-42

圖4-43

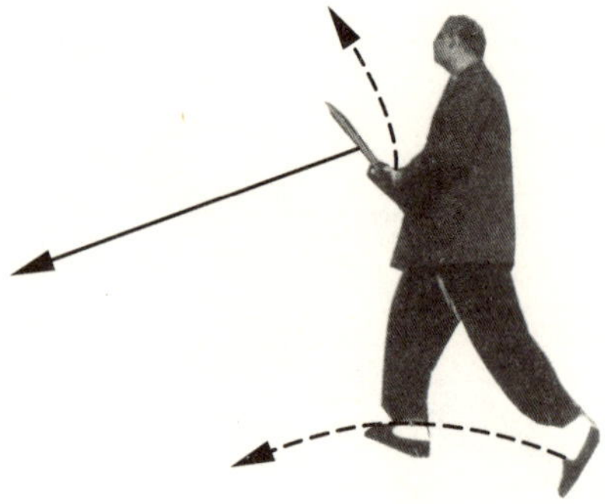

圖4-44

30. 趕三劍

（1）左脚向右腿後插，脚尖點地，兩腿絞緊繃直，身向右轉90度（面北）；兩臂交叉挽肩花，右手揮劍從左向右掄劈；左手劍指向左上揚起；目視劍端（圖4－46）。

（2）左脚踏實，右脚右移；右手持劍向左下掛；目視劍端（圖4－47）。

（3）左脚向右腿後插，脚尖點地，兩脚絞緊繃直；右手揮劍從左向右掄劈；左手劍指向左上揚起；目視劍端（圖4－48）。

圖4－45

圖4－46

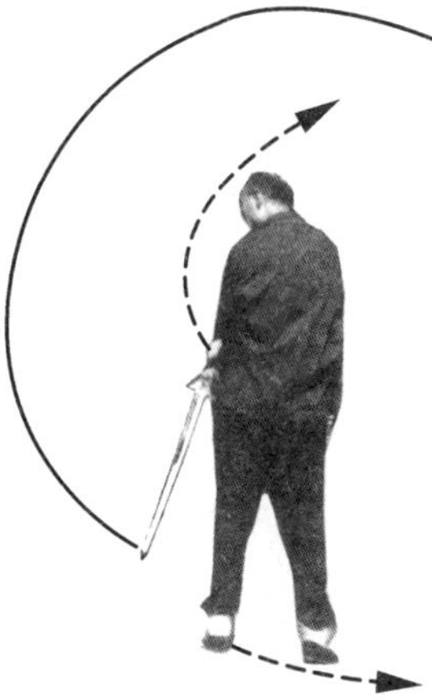

圖4－47

圖4－48

（4）“趕三劍”動作演練至此已完成了趕兩劍，圖4－47、圖4－48動作在此再重復一遍爲之第三劍（圖4－49、圖4－50）。

31．撩三劍

（1）右手持劍使劍尖向左折回，劍身横平於前上方，左手劍指托於劍脊；目視前上方（圖4－51）。

（2）右手揮劍向上、向右、向下、向左撩平；同時右脚向左側上步，左轉180度（面南），兩腿成右虛步；左手劍指扶於右腕；目視劍尖（圖4－52）。

（3）接上動作，右手揮劍從左後向前上反撩，同時上左步，右轉180度（面北），兩腿成左虛步；左手劍指扶於右腕；目視劍尖（圖4－53）。

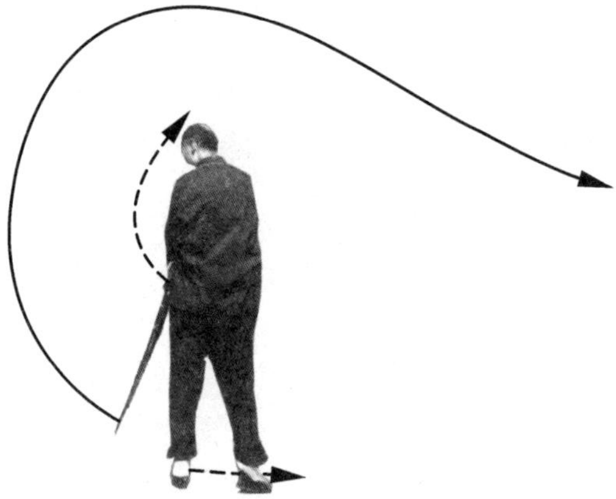
圖4－49

圖4－50

圖4－51

圖4－52

(4) 接上動作，右手揮劍向上、向右、向下、向左撩平；同時上右步，左轉 180 度（面南），兩腿成右虛步；左手劍指扶於右腕；目視劍尖（圖 4－54）。

32. 鋪地錦

右脚向右横跨一步，左脚向右腿後插，身下蹲成坐盤步，上身前探；同時，右手揮劍隨身體下蹲向右下横掃，兩臂平展；目視劍端（圖 4－55）。

33. 反剣式

起身向左旋轉 180 度（面北），右膝提起；右手揮劍向右反剁，左手劍指向左上揚起；目視劍身（圖 4－56）。

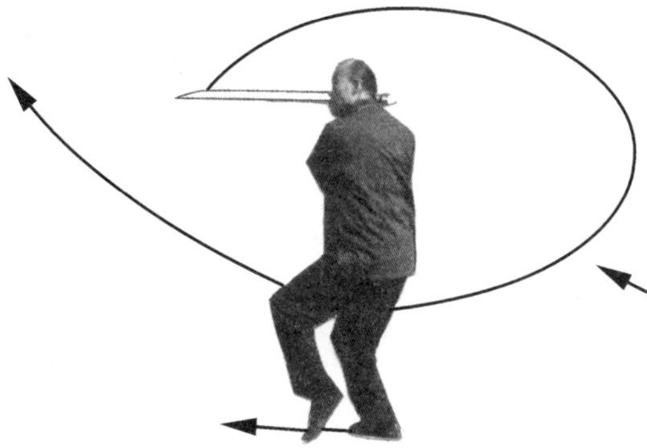

圖4-53

圖4-54

圖4-55

圖4-56

34. 高山探海

落右脚，脚尖外擺，向右轉體 180 度（面南）左膝提起；右手持劍向右後下反刺，繼向上挑，然後將劍向左折回，横平於前上方；左手劍指扶於劍面；上體略向後仰，頭向左轉；目視左肩（圖 4－57）。

35. 暗算劍

（1）落左脚，右手揮劍向右平臂，目視劍端（圖 4－58）。

（2）右手將劍尖折回至左腋下，劍身距前胸約 10 厘米，左手扶指微上揚；目視劍尖（圖 4－59）。

（3）身體左轉 270 度（由面南轉向面西）（圖 4－60）。

圖4－57

圖4－58

圖4－59

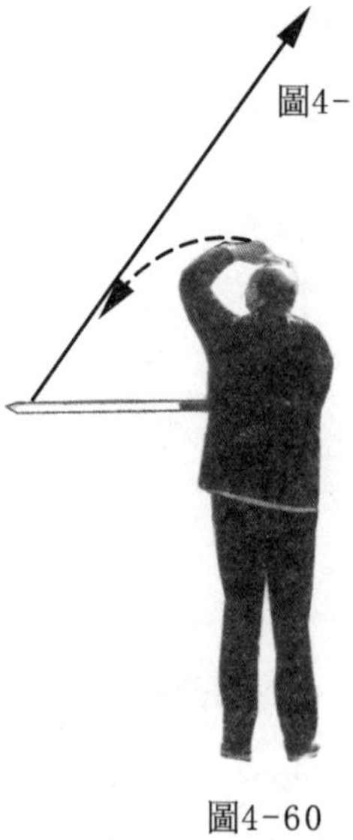

圖4－60

36. 摘星劍

兩脚并攏，兩腿立直，同時右手持劍向上直挑，左手劍指前指，坐腕翹指，臂微彎；雙目平視（圖4－61）。

繼而右手揮劍向右前上撩；同時上右步屈膝弓腿成右弓步；左手劍指向左後下伸；目視劍尖（圖4－63）。

37. 閃襠攫胯

右脚提起向後倒踢；同時右手揮劍向左後甩劈；左手劍指置於右肩；目視左後下（圖4－62）。

38. 二郎趕太陽

（1）扣右脚，收左脚，身體急速向左轉180度（面東）；同時，右手持劍向左後下格攔，左手劍指扶於右腕；目視劍端（圖4－64）。

圖4－61

圖4－62

圖4－63

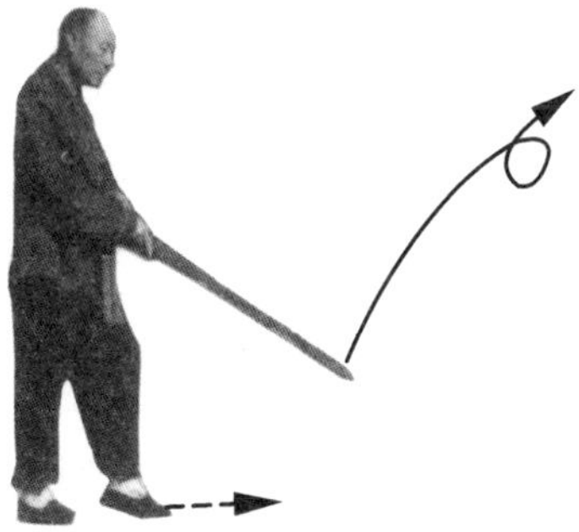

圖4－64

（2）左手劍指向左上揚起，左腳向前上步；同時，右手持劍前伸，順絞一圈；目視劍端（圖 4－65）。

（3）換右腳續向前進五步，每進一步絞劍一圈，前兩步順絞，後三步逆絞。絞劍要求速度均勻（圖 4－66、圖 4－67、圖 4－68、圖 4－69、圖 4－70）。

圖4-65

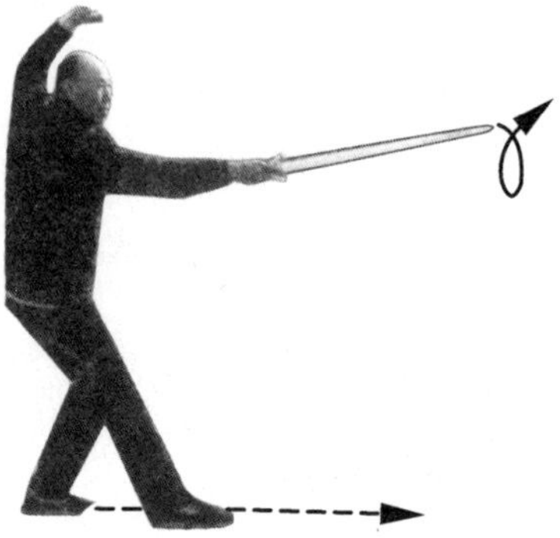

圖4-66

圖4-67

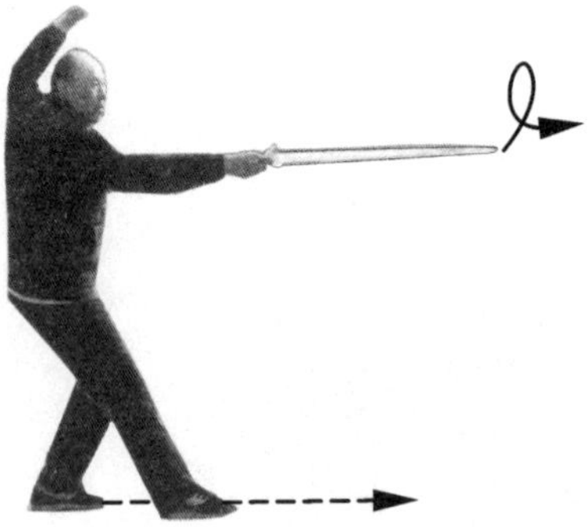

圖4-68

39. 八卦劍

右手劍向上橫托，劍尖朝左，左手劍指前指；同時，起左腳按逆時針方向轉走八步（一圈），回到原位置（圖 4－71、圖 4－72、圖 4－73、圖 4－74、圖 4－75、圖 4－76、圖 4－77）。

圖4-69

圖4-70

圖4-72

圖4-71

圖4-73

40. 撩三劍

（1）接上式，右脚尖裹扣，左脚尖外擺，身體左轉 90 度（面北）；左手劍指托於劍脊；目視前上方（圖 4－78）。

（2）以下動作同“31. 撩三劍”之圖 4－52、圖 4－53、圖 4－54，解説從略（圖 4－79、圖 4－80、圖 4－81）。

圖4-74

圖4-75

圖4-76

圖4-77

圖4-78

41. 秋風掃葉

右脚向前上一步，左脚向右腿後插步，身下蹲成坐盤步；同時右手揮劍向右下橫掃，左手劍指向左伸展；上身微前傾；目視劍尖（圖 4－82）。

圖4-79

圖4-80

圖4-81

圖4-82

42. 收勢還原

（1）起身，以兩脚掌爲軸，身體左轉180度（由面南轉到面北）；兩臂隨身體旋轉猶如雄鷹盤旋（圖4－83）。

（2）身體繼續左轉90度（面西），劍尖轉至西北方向時，右手翻腕，將劍面向外翻折使劍尖指地；左手收於左胯邊（圖4－84）。

（3）右手小指、中指、無名指鬆開，左手劍指向劍把推按，接握劍把；目視前方（圖4－85）。

（4）左手提劍將劍帶回左臂後，劍尖朝上（圖4－86）。

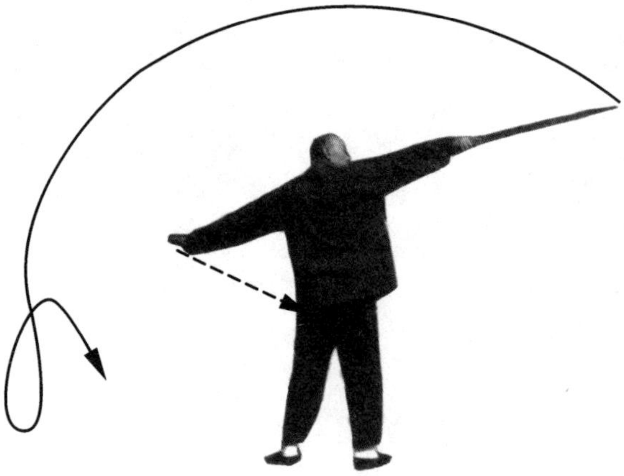

圖4-83

圖4-84

圖4-85

圖4-86

(5) 緊接上動作，左手微向後收於左胯側，身體左轉 90 度（面南）；右手成劍指，隨向右上劃弧到頭頂右上方，指尖朝左，右脚掌着地，兩腿綳緊、綳直；頭左轉，雙目凝視左前方（圖 4－87）。

(6) 右脚向右後撤半步，右手向右按順時針方向劃一立圓至右胯側（圖 4－88）。

(7) 左脚後退半步，與右脚靠攏并齊；右手按於右胯側；目視正前方（圖 4－89）。

圖4-87

圖4-88

圖4-89

五　太極玄門劍六十四式

太極玄門劍六十四式譜

第一段

1. 预備式（佩劍肃立）
2. 起式
3. 交劍
4. 進步絞崩
5. 上步下刺
6. 仙人指路
7. 直刺胸膛
8. 力劈華山

第二段

9. 竪劍
10. 回身抱劍
11. 上步下刺
12. 撥草尋蛇
13. 踢腿撩劍
14. 扁擔式
15. 回身童子抱瓶
16. 箭步刺劍

第三段

17. 退步童子抱瓶
18. 力舉千斤
19. 回頭望月
20. 青龍絞尾

21. 太公釣魚式
22. 太公魚台坐
23. 匿劍式
24. 轉身掃劍

第四段

25. 斜刺轉身
26. 童子抱香
27. 摘星法
28. 上步劈劍
29. 七步抱瓶
30. 轉身按劍
31. 霸王舉鼎
32. 登山劈劍

第五段

33. 仙人指路
34. 直刺咽喉
35. 回身抱香
36. 躺劍
37. 退步掃劍
38. 鷂子翻身
39. 上步按劍
40. 退步持劍

第六段

41. 拔步趕船
42. 三劈劍
43. 下势抱劍
44. 仙人指路
45. 撩三劍
46. 進步掃劍

47. 裹鈎外掛
48. 金鷄獨立

第七段

49. 翻身劈面
50. 藏劍
51. 轉身抱劍
52. 摘星劍
53. 闪襠護胯
54. 箭步撩劍
55. 倒劍
56. 轉身斜掛

第八段

57. 二郎趕太陽
58. 高祖斬蛇
59. 指星望月八卦劍
60. 三摇劍
61. 雲碎地
62. 轉身揚劍
63. 交劍
64. 收式

太極玄門劍六十四式動作圖解

第一段

1. 預備式（佩劍肅立）

面南站立，兩脚并齊，意想陰陵泉相貼，尾骶骨經身前回鈎鼻尖，雙目向前平視；左手握劍把，劍身斜貼（前高後低）於身體左側腰間（圖 5－1）。

（1）壓簧拔劍：右手以拇指、食指和中指捏住劍墩，左手食指伸直貼於劍柄上，呈按壓簧舌向外拔劍之勢（圖 5－2）。

（2）垂臂持劍：右手離開劍墩自然下垂，拇指與無名指、小指相接，食指與中指伸直并攏變為訣指；左手劍鐔垂向地面，劍身緊貼於左臂外側，劍刃朝前後（圖 5－3）。

2. 起式

（1）單手托月：右手訣指向腹前托起，貼於肚臍，手心朝上（圖 5－4）。

圖5－1

圖5－2

圖5－3

圖5－4

（2）揚臂量敵：右手訣指從身體右側向上劃弧至頭頂上方，手心托天，指尖朝左，目視左方；上體微前傾（圖 5－5）。

3. 交劍

（1）藏鐔露鋒：左手握劍使劍鐔經身前劃弧至身體右側肋間；右手接握劍把，劍鋒朝前上方；右腿屈膝下蹲，左膝提起，腳尖點地；目視前方（圖 5－6）。

（2）訣指前戳：左腳向前上步；左手拇指與小指、無名指指甲蓋相接，指尖裏扣，食指與中指伸直并攏隨向前戳點；同時右手握劍向後回抽（圖 5－7）。

4. 進步絞崩

（1）并步合劍：左腳向左橫開 90 度，上體隨向左轉 90 度（面東），右腳向左腳靠攏并齊，兩膝微蹲；右手劍經身前向左上絞，左手訣指按於右腕；肚臍裏收，兩腕下沉，使劍尖微向上繃；目視前方（圖 5－8）。

圖5—5

圖5—6

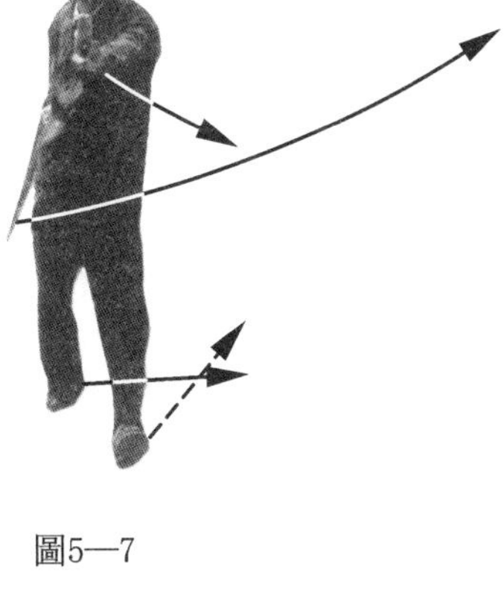

圖5—7

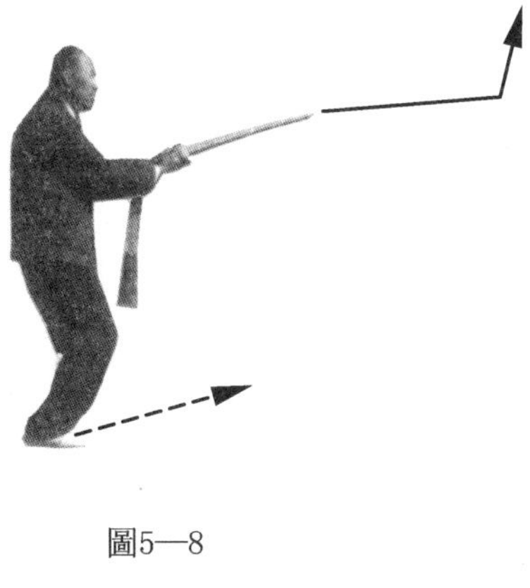

圖5—8

（2）開步崩點：左脚向左前橫開，屈膝前弓，右腿蹬直成左弓箭步；同時左手訣指向左沉按，右手沉鐔，劍尖上崩；目視劍鋒（圖 5－9）。

5. 上步下刺

（1）轉身格帶：重心後移，上體微右轉，收左脚成丁虛步；右手帶劍向右橫格，左手訣指扶於右腕；目視前方（圖 5－10）。

（2）弓步刺足：左脚向左前上步，屈膝前弓，右腿蹬直成左弓箭步，左手同左上劃弧推托；同時右手握劍向前下刺出；目視劍鋒（圖 5－11）。

6. 仙人指路

（1）蓋步反掛：右脚向左脚前上步，脚尖略外擺，腰向右擰，兩腿絞緊；右手帶劍向右反掛，訣指扶於劍墩；目視右下方（圖 5－12）。

圖5-9

圖5-10

圖5-11

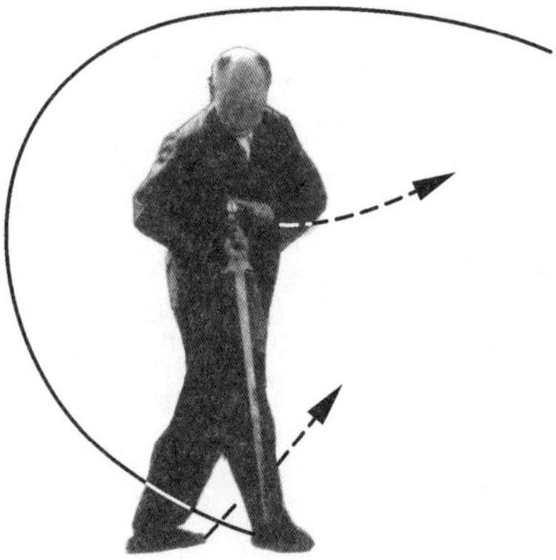

圖5-12

（2）獨立上托：劍尖向右後上劃弧至頭頂上方，劍把向上推托，劍尖朝前，左膝提起，訣指前指；目視前方（圖 5－13）。

7. 直刺胸膛

（1）虛步垂釣：左腳尖點地；右手雲劍至頭部右側，訣指扶於右腕；目視前方（圖 5－14）。

（2）弓步探刺：左腳向前進步，屈膝前弓成左弓箭步；右手推劍向前直刺；目視劍鋒（圖 5－15）。

8. 力劈華山

（1）轉身左掛：右手握劍向左後掛，身隨劍走，身向左轉 90 度（面北），步隨身換；左腳尖外擺，右腳跟離地，腳掌着地，兩腿絞緊繃直；目視劍鋒（圖 5－16）。

圖5－13

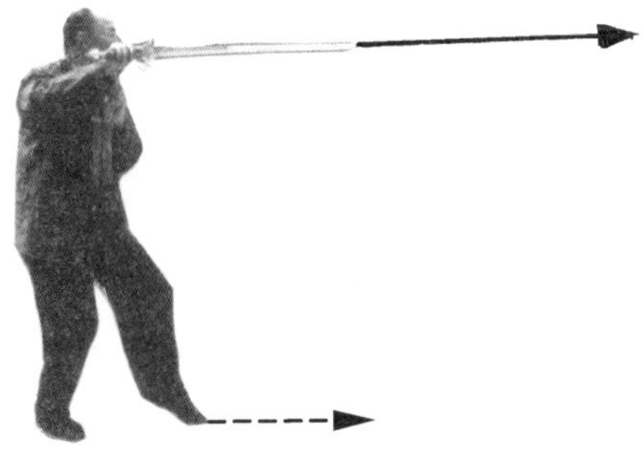

圖5－14

圖5－15

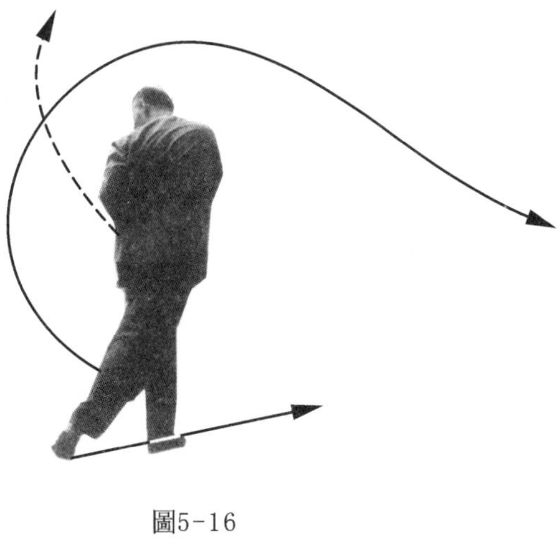

圖5－16

（2）回馬劈山：右手揮劍向右平劈；右脚向右踏出，身體下蹲成馬步；訣指向左後上揚起；目視劍鋒（圖 5－17）。

第二段

9. 竪劍

（1）提膝下截：提右膝，右手揮劍向右下截攔，訣指向右上托撑；目視劍鋒（圖 5－18）。

（2）坐馬上崩：右脚落下成馬步，兩臂分展，兩手沉腕，右劍上崩竪直；目視劍鋒（圖 5－19）。

10. 回身抱劍

（1）仰面後掤：右脚尖裹扣，左脚尖外擺，上體隨向左轉而後仰；同時右手劍與訣指在前上方作合而後分的弧形動作（即身往後仰時，劍鋒和訣指均先朝後，再向左右分開）（圖 5－20）。

圖5-17

圖5-18

圖5-19

圖5-20

（2）虛步攔腰：劍把與訣指同時向前下合於胸前，兩手心均朝上，訣指扶於右腕；合劍時，收腹鬆腰，左腳後收，腳尖點地；目視劍鋒（圖5－21）。

（2）左弓下刺：左腳向前邁進屈膝前弓，右腿蹬直成左弓箭步；右手持劍向前下刺出，左手訣指向上劃弧至頭頂左上方，手心托天；目視劍鋒（圖5－23）。

11. 上步下刺

（1）右轉格帶：右腳後撤半步，左腳跟提起；右手握劍向身體右側格帶，左手訣指扶於右腕；目視前方（圖5－22）。

12. 撥草尋蛇

（1）轉身探撥：左腳尖裏扣，上體向右旋轉180度，右腳外開成右弓箭步；右手握劍向右後橫掃，訣指扶於右腕；目視劍鋒（圖5－24）。

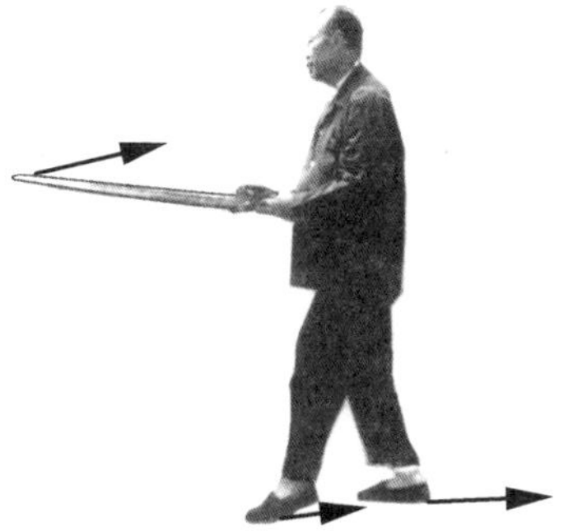

圖5－21

圖5－22

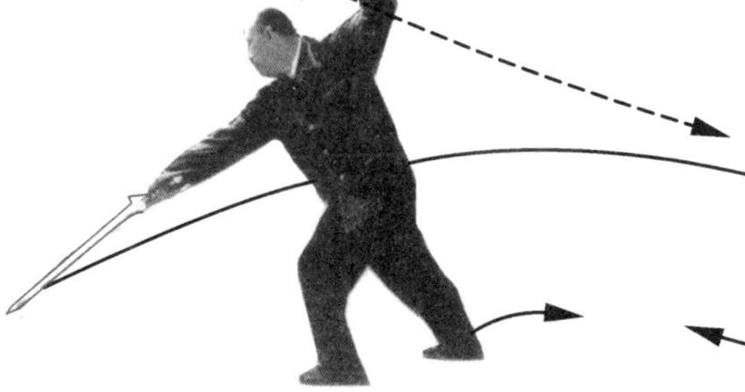

圖5－23

圖5－24

（2）收步圈掤：右脚後退；兩臂分展；目視前下（图 5－25）。

（3）虛步提纏：兩手劃弧向身前圈合，右手反提劍把劍尖朝下，左手訣指扶於劍墩，手心朝上；右脚微向前移；目視前下方（圖 5－26）。

（4）進步點刺：右脚向前上半步，左脚向左前上一大步，屈膝前弓成左弓箭步；右手持劍向前下点刺，訣指向左後上伸舒，目視劍鋒（圖 5－27）。

（5）收步圈掤：左脚後收；兩臂分展；目視前下（圖 5－28）。

圖5-25

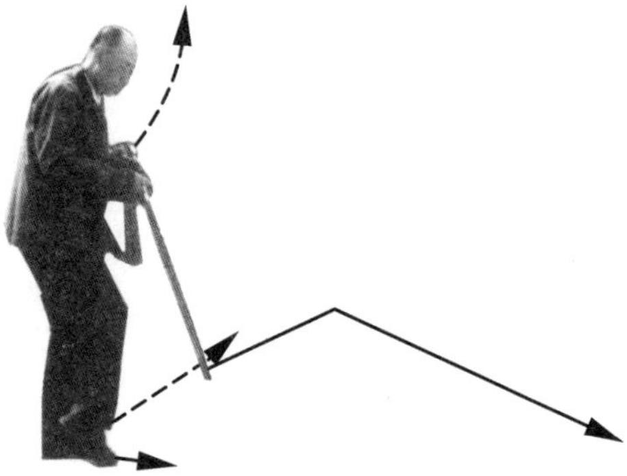

圖5-26

圖5-27

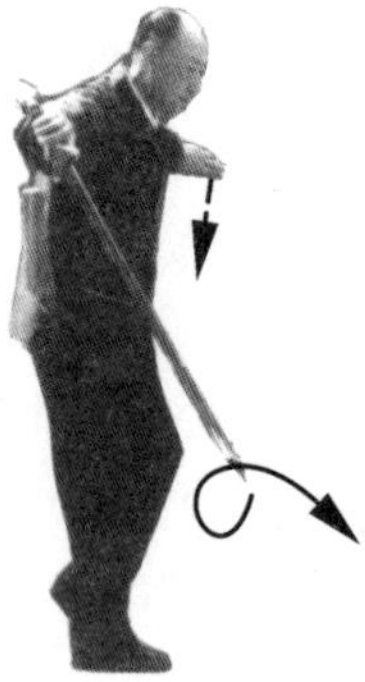

圖5-28

（6）虛步反提：兩手劃弧向身前圈合，右手反提劍把，劍尖朝下，訣指扶於劍墩，手心朝上；左腳微向前移，腳尖點地；目視前下（圖 5－29）。

（7）墊步點扎：左腳前進半步，腳掌着地；手提劍向前下點扎；目視劍鋒（圖 5－30）。

（8）弓步下刺：左腳落實，右腳向前上步屈膝前弓成右弓箭步；右手握劍向前下刺，左手訣指向左後上伸舒；目視劍鋒（圖 5－31）。

13. 踢腿撩劍

（1）虛步後撩：右手握劍向右後掛；左腳進至右腳前腳尖點地；訣指扶於右腕；目視右下方（圖 5－32）。

圖5-29

圖5-30

圖5-31

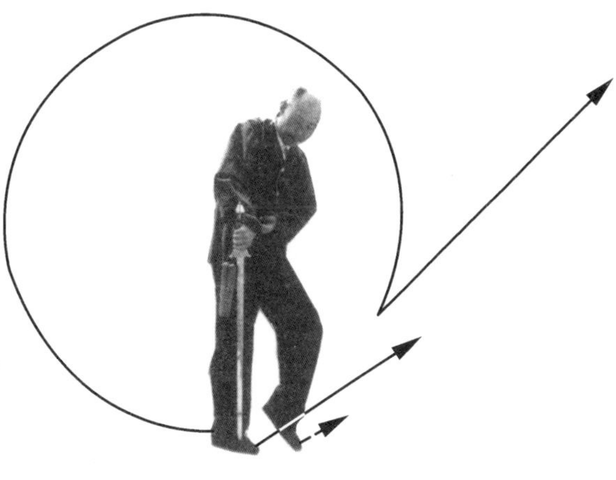

圖5-32

（2）踢腿正撩：左脚前進半步，右脚向前踢起；右手持劍於身體右側劃一立圓向前上撩，訣指扶於右腕；目視劍鋒（圖5－33）。

（2）立身肩擔：起身，左脚左移；右手反提劍把，劍尖朝下，兩臂平展，兩手心均朝上；目視劍鐔（圖5－35）。

14. 扁擔式

（1）歇步後刺：右脚向左脚前蓋，身體右轉下蹲成歇步；右手握劍向右後下低平刺，兩臂展平，訣指左指；目視劍鋒（圖5－34）。

15. 回身童子抱瓶

（1）磨身旋鋒：左脚尖外擺，右脚尖裏扣，身體向左轉180度；右手握劍向左平抹；目視訣指（圖5－36）。

圖5-33

圖5-34

圖5-35

圖5-36

（2）虛步抱劍：續左轉 180 度，右劍繼向左平抹，劍身橫平於頭部左側，訣指扶於劍墩；目視劍鋒前方（圖 5－37）。

16. 箭步刺劍

（1）右轉格帶：右脚撤於左脚後踏實，左脚尖點地；右手握劍向右橫格，訣指扶於右腕；目視前方（圖 5－38）。

（2）右弓下刺：左脚前進半步踏實，右脚前進一大步，右膝前弓成右弓箭步；同時，右手持劍向前下刺出，訣指向後上伸舒；目視劍鋒（圖 5－39）。

第三段

17. 退步童子抱瓶

（1）長身上掤：右手握劍由下向上探挑；左脚掌支撐地面；訣指向後舒伸；目視劍鋒（圖 5－40）。

圖5-37

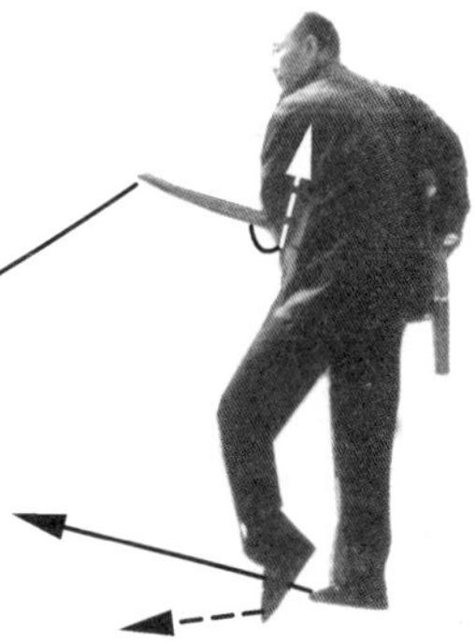

圖5-38

圖5-39

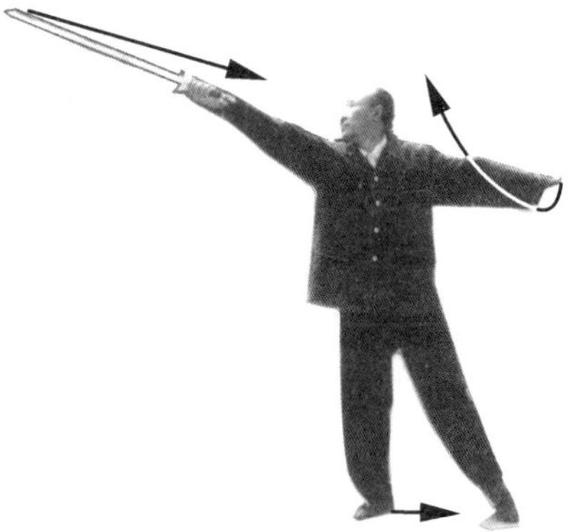

圖5-40

（2）虛步抱劍：身向後坐，重心寄於左脚，右脚回收至左脚前，脚掌點地成跨虛步；右手帶劍回撤，橫平於左額側，訣指扶於劍墩；目視劍鋒前方（圖 5－41）。

（2）坐盤反撩：左脚向右脚後插，身向右轉同時下蹲成歇步，右手揮劍向右後上反撩，劍尖朝上，劍身、手臂直豎，訣指置於右肩，指尖朝上，脊背朝地臉朝天，目視劍鋒（圖 5－43）。

18. 力舉千斤

（1）上步下截：右手揮劍向右前下截；右脚上步屈膝前弓，左腿蹬直成右弓箭步；訣指後伸；目視劍鋒（圖 5－42）。

19. 回頭望月

（1）撤步沉劍：起身，右脚後撤坐實；右劍向前下沉；訣指點於右肋；目視劍鋒（圖 5－44）。

圖5-41

圖5-42

圖5-43

圖5-44

（2）轉身後掤：右手揮劍向右後上掤起；身隨劍走，向右扭轉；步隨身換，右脚尖裹扣，右膝前弓，左腿伸直；訣指扶於右肩；目視劍鋒（圖 5－45）。

20. 青龍絞尾

（1）回顧尾閭：右脚跟裹扣，身向右轉；右劍向右後下格帶，雙手握劍把；目視劍鋒（圖 5－46）。

（2）撤步攔擊：雙手揮劍向前掄劈，右脚後撤一大步成左弓箭步；目視劍鋒（圖 5－47）。

（3）回顧尾閭：雙手握劍向左後下格帶，上體隨之向左扭轉；目視劍鋒（圖 5－48）。

圖5－45

圖5－46

圖5－47

圖5－48

（4）撤步攔擊：雙手揮劍向前上掄劈，左腳後撤一大步成右弓箭步；目視劍鋒（圖 5－49）。

（5）回顧尾閭：同（1）（圖 5－50）。

（6）撤步攔擊：同（2）（圖 5－51）。

（7）回顧尾閭：同（3）（圖 5－52）。

（8）撤步攔擊：同（4）（圖 5－53）。

圖5-49

圖5-50

圖5-51

圖5-52

21. 太公釣魚式

（1）鬆襠後撐：左手鬆開劍把，訣指後指，右手握劍使劍身垂於右後，劍尖朝地；與此同時身向左轉，右脚尖裏扣，左脚尖外擺；目視劍身（圖 5－54）。

（2）回身訣點：頭向左轉目視前方；訣指前指，右劍橫於身體右側；同時左脚微收，脚跟提起成虛步（圖 5－55）。

22. 太公魚臺坐

（1）蹲身平刺：左脚前進半步屈膝下蹲；與此同時，右脚提起將脚腕橫夾於左腿膕窩；右手持劍向前低平刺，訣指扶於右腕；目視劍鋒（圖 5－56）。

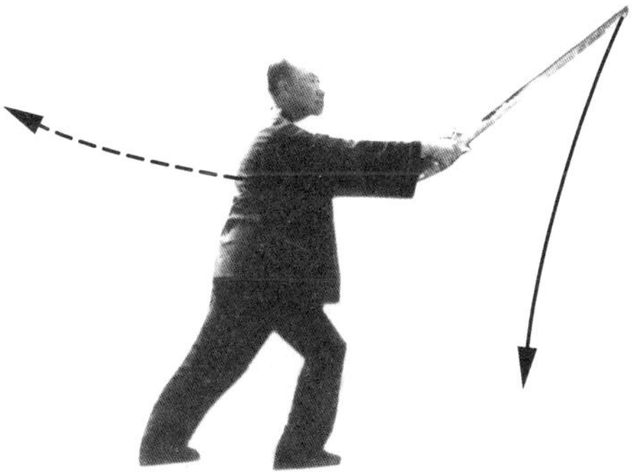

圖5-53

圖5-54

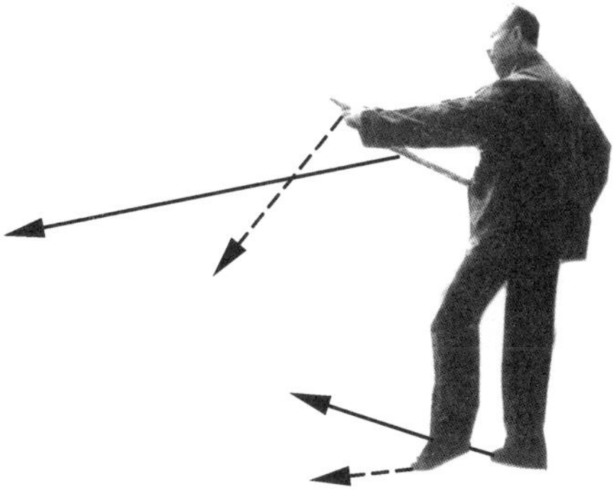

圖5-55

圖5-56

（2）竪劍上崩：右手沉腕將劍尖崩起，劍身竪直，訣指扶於右腕；目視劍鋒（圖 5－57）。

23. 匿劍式

（1）撤步下劈：雙手握劍向下劈擊；與此同時右脚後撤一大步成左弓箭步；目視劍鋒（圖 5－58）。

（2）虛步藏劍：起身，重心寄於右腿，左脚後收，脚尖點地，與右脚成丁虛步；右手提劍隱藏於身後，訣指前指；目視前方（圖 5－59）。

24. 轉身掃劍

（1）左轉格帶：左轉身，左脚踏實；右手持劍向左格帶，訣指扶於右腕；目視劍身（圖 5－60）。

圖5-57

圖5-58

圖5-59

圖5-60

（2）背步橫掃：右腳向右橫跨一步，左腳向右腳後倒插，身下蹲成歇步；與此同時，右手揮劍向右後下橫掃；訣指向左後上揚起，手心托天；目視劍鋒（圖 5－61）。

（2）弓步下刺：身向左轉 90 度，右手握劍向右下斜刺；同時，左腳向左前上步屈膝前弓成左弓箭步；訣指向左上扬起，手心托天；目視劍鋒（圖 5－63）。

第四段

25. 斜刺轉身

（1）分臂圈格：起身，兩臂分展，兩手向外微撐，虎口朝下；目視劍鋒（圖 5－62）。

26. 童子抱香

（1）跟步挫抹：雙手握劍把向上舉、隨即下沉；與此同時，右腳移至左腳前，腳掌點地；目視前方（圖 5－64）。

圖5-61

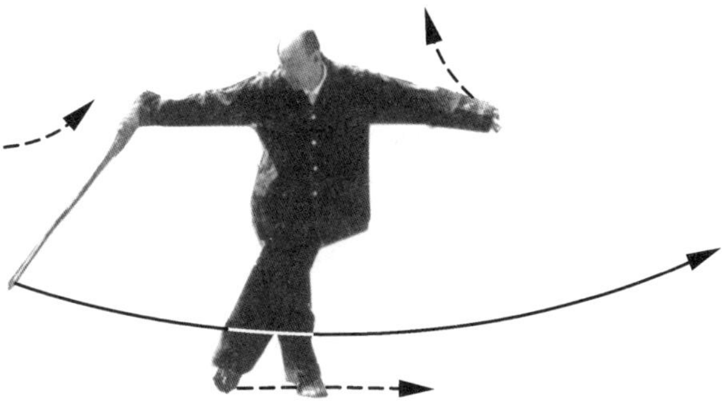

圖5-62

圖5-63

圖5-64

（2）退步挫腕：右脚後退坐實，左脚微撤，脚跟提起；同時，雙手握劍上舉、下沉（圖 5－65）。

27. 摘星法

（1）仰面後掤：左脚跟落地，右脚後撤坐實，上體後仰；雙手舉劍向上而後分手向外劃弧；目視劍鋒（圖 5－66）。

（2）左蹬右摘：右脚裹扣，右脚外擺，身體右轉 180 度；右劍高舉，訣指前指；左膝提起；目視前方（圖 5－67）。

28. 上步劈劍

（1）喜鵲登枝：左脚弹踢，左腿蹬直，脚尖朝天（圖 5－68）。

圖5-65

圖5-66

圖5-67

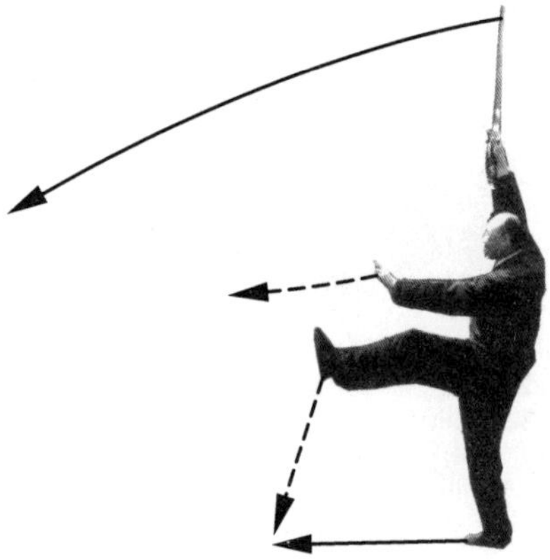

圖5-68

（2）弓蹲劈擊：左脚向前落下踏實，右脚跟進為虛脚；右手揮劍向下劈擊；同時兩膝微蹲，左手同握劍把；目視劍鋒（圖5－69）。

29. 七步抱瓶

（1）倒劍拨鐔：劍鋒右倒，劍身橫於面前，訣指扶於劍墩；右脚前出，脚尖外擺；目視劍鋒（圖5－70）。

（2）、（3）、（4）、（5）、（6）、（7）、（8）環行追紮：續按顺時針方向環行七步回原位；雙目始終注視劍鋒（圖5－71、圖5－72）。

圖5-69

圖5-70

圖5-71

圖5-72

30. 轉身按劍

（1）回身掤格：左腳向前上步，腳尖外擺身向右轉；右手持劍向左上掤格；目視左後（圖 5－73）。

（2）蹲身下按：右腳移向左腳內側，屈膝下跪，膝不着地；右手橫劍經身前下按，左手沉腕，訣指指尖朝天；目視前方（圖 5－74）。

31. 霸王舉鼎

（1）立身抓提：起身，雙腿伸直；右手將劍向上橫提於胸前；目視前方（圖 5－75）。

（2）獨立橫托：右手將劍橫舉於頭頂前上方；同時右膝提起，訣指前指；目視前方（圖 5－76）。

圖5-73

圖5-74

圖5-75

圖5-76

32. 登山劈劍

(1) 反手劈面：右手揮劍後劈，兩臂平展；右腳向劈劍之相反方向蹬出；目視劍鋒（圖 5－77）。

(2) 半馬劈奪：右腳後跨落地成半馬步；同時，向右轉身，雙手握劍下劈後拽；目視右前方（圖 5－78）。

第五段

33. 仙人指路

(1) 背步反掛：右手握劍向右後掛，劍尖朝下；身隨劍走向右扭轉，步隨身換，左腳尖外擺，兩腿絞緊繃直，左腳腳尖點地；左手訣指扶於劍墩；目視劍鋒（圖 5－79）。

(2) 獨立架梁：右手持劍向右後上劃弧，使劍身橫平於頭頂右上方劍尖朝前；左膝提起；左手訣指前指；目視前方（圖 5－80）。

圖5-77

圖5-78

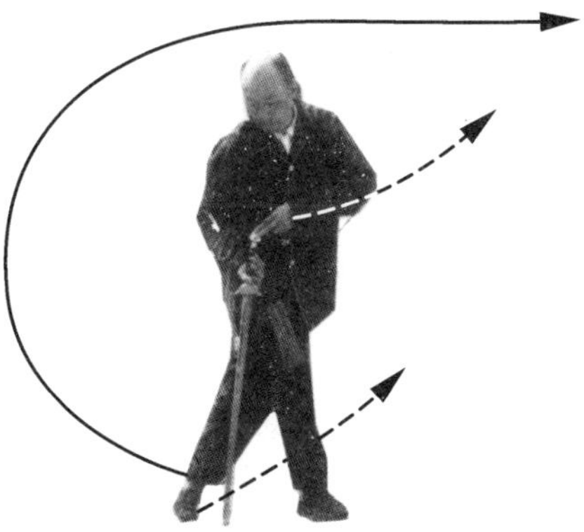

圖5-79

圖5-80

34. 直刺咽喉

（1）虛步垂釣：左脚落下脚尖點地，右腿屈膝微蹲；右手持劍移於面前，左手訣指扶於右腕；目視前方（圖 5－81）。

（2）弓步探刺：右手持劍向前直刺，訣指扶於右腕；左脚向前上步屈膝前弓，右腿蹬直；目視劍鋒（圖 5－82）。

35. 回身抱香

（1）轉身左鈎：右手握劍向左後上鈎起，劍身豎直，劍尖朝上；左脚尖外擺，右脚移至左脚後，脚尖着地，兩腿絞緊；訣指扶於右腕；目視劍鋒（圖 5－83）。

（2）并步捧香：身向左轉 90 度，左脚微外擺，右脚移至左脚內側與左脚并齊，兩腿伸直，小腹微內收；劍身微前傾；目視劍中（圖 5－84）。

圖5－81

圖5－82

圖5－83

圖5－84

36. 躺劍

（1）金鷄點頭：右手提腕，劍尖下點；兩膝微蹲；目視劍鋒（圖 5－85）。

（2）夾柄沉鐔：右手沉腕，劍尖上崩，右手夾持劍把，劍身斜置於距臂 10 厘米處，訣指按於右腕；左脚向前上步，脚尖點地；目視前方（圖 5－86）。

37. 退步掃劍

（1）撤步虛劈：左脚踏實，屈膝前弓，右脚向後撤一大步；右手揮劍，向前下虛劈；目視劍鋒（圖 5－87）。

（2）背步橫掃：右手揮劍向右後下橫掃，兩臂平展；左脚向右脚後倒插，身體下蹲成歇步，上體微向前傾；目視劍鋒（圖 5－88）。

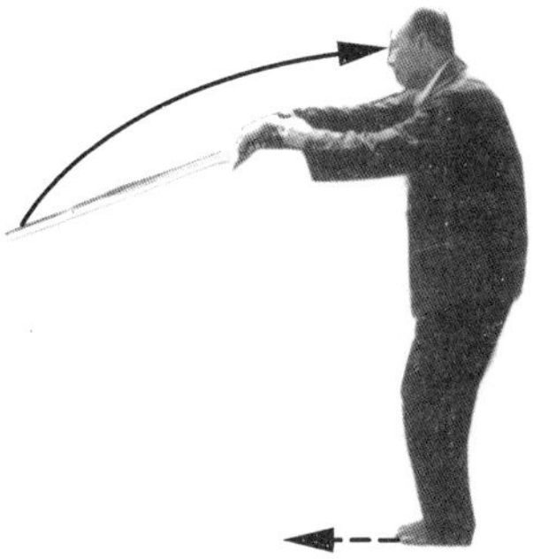

圖5-85

圖5-86

圖5-87

圖5-88

38. 鷂子翻身

(1) 回身下鑽：右手握劍向左上回鈎，邊起身邊向左轉 180 度，劍尖繼向左後下鑽；同時扣右脚擺左脚，重心置於左腿；訣指向左上揚起；目視劍鋒（圖 5－89）。

(2) 仆步上翻：劍尖向上鈎起，向前低平刺出，隨即上崩，劍身竪直；同時右脚向前擦地横蹬，左腿屈膝下蹲成仆步；訣指回指左耳；目視劍鋒（圖 5－90）。

39. 上步按劍

起身，左脚前移踏實，右脚跟提起；劍身向左横倒，訣指按於右腕；目視前方（圖 5－91）。

40. 退步持劍

右脚後退半步，左脚隨撤，脚尖點地；目視前下方（圖 5－92）。

圖5-89

圖5-90

圖5-91

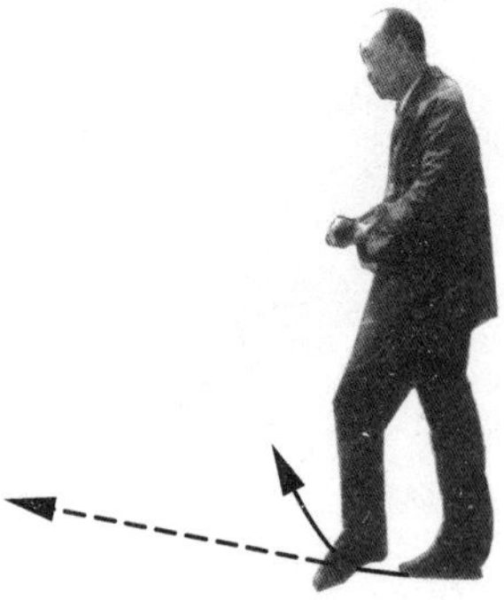

圖5-92

第六段

41. 拔步趕船

（1）、（2）躍步轉身：兩脚左—右—左連跑帶跳中按逆時針方向轉體 360 度。要求跳得高，跑得遠，轉得快（圖 5－93、圖 5－94）。

（3）弓步下刺：當左脚落地時屈膝前弓成左弓箭步；右劍向前下刺去，訣指向左後上揚起；目視劍鋒（圖 5－95）。

42. 三劈劍

（1）轉身左掛：右手握劍向左後掛；身隨劍走而向左扭轉；訣指護於右肋；目視劍鋒（圖 5－96）。

圖5-93

圖5-94

圖5-95

圖5-96

（2）背步後劈：右手揮劍向右後平劈；上體隨向右轉，左脚向右脚後倒插，脚掌着地，兩腿絞緊繃直；訣指向左上揚起；目視劍鋒（圖 5－97）。

（3）轉身左掛：右劍圍繞身體向左後掛，上體隨向左扭轉；同時左脚踏實，右脚右開；訣指護於右肋；目視劍鋒（圖 5－98）。

（4）背步後劈：同（2）。（圖 5－99）。

（5）轉身左掛：右劍圍繞身體向左後掛，訣指護於右肋；目視劍鋒（圖 5－100）。

圖5-97

圖5-98

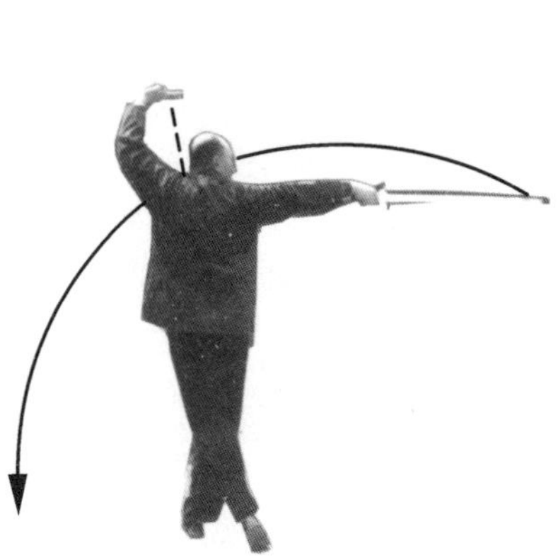

圖5-99

圖5-100

（6）背步後劈：左脚踏實，右脚右開，左脚向右脚後倒插；右手掄劍向右後平劈；訣指向左上揚起；目視劍鋒（圖 5－101）。

43. 下势抱劍

（1）回鋒左鈎：右手握劍向左後鈎起竪直，訣指扶右腕；目視劍鋒（圖 5－102）。

（2）歇步捧劍：左脚向右脚前蓋步；同時向右轉體 90 度下蹲成歇步；劍把下沉，左手捧於右手下方；目視劍鋒（圖 5－103）。

44. 仙人指路

（1）轉身回掛：起身，向右扭轉，收右脚跟，扣左脚；劍尖向左倒，劍身圍繞身前向右後下回掛；訣指扶於脉門；眼隨劍走，注視劍鋒（圖 5－104）。

圖5-101

圖5-102

圖5-103

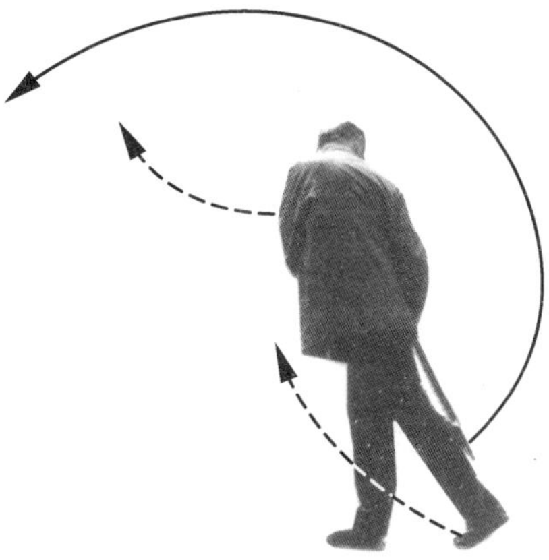
圖5-104

（2）獨立架梁：右手握劍向後上鈎起使劍尖朝向前方，劍身橫平於頭頂右上方，訣指前指；左膝提起成獨立步；目視前方（圖 5－105）。

45. 撩三劍

（1）走馬加鞭：左脚落地；右手揮劍向後虛劈，兩臂展平；目視劍鋒（圖 5－106）。

（2）右進前撩：右手握劍向前正撩；右脚同時向前進一大步，右膝前弓，左脚後蹬成右弓箭步；訣指扶於右腕；目視劍鋒（圖 5－107）。

（3）虛步抱劍：右手帶劍回抽，使劍身橫平於頭部左側，訣指扶於劍墩；同時，右脚回收於左脚前，脚尖點地，左腿屈膝下蹲成跨虎步；目視劍尖所指方向（圖 5－108）。

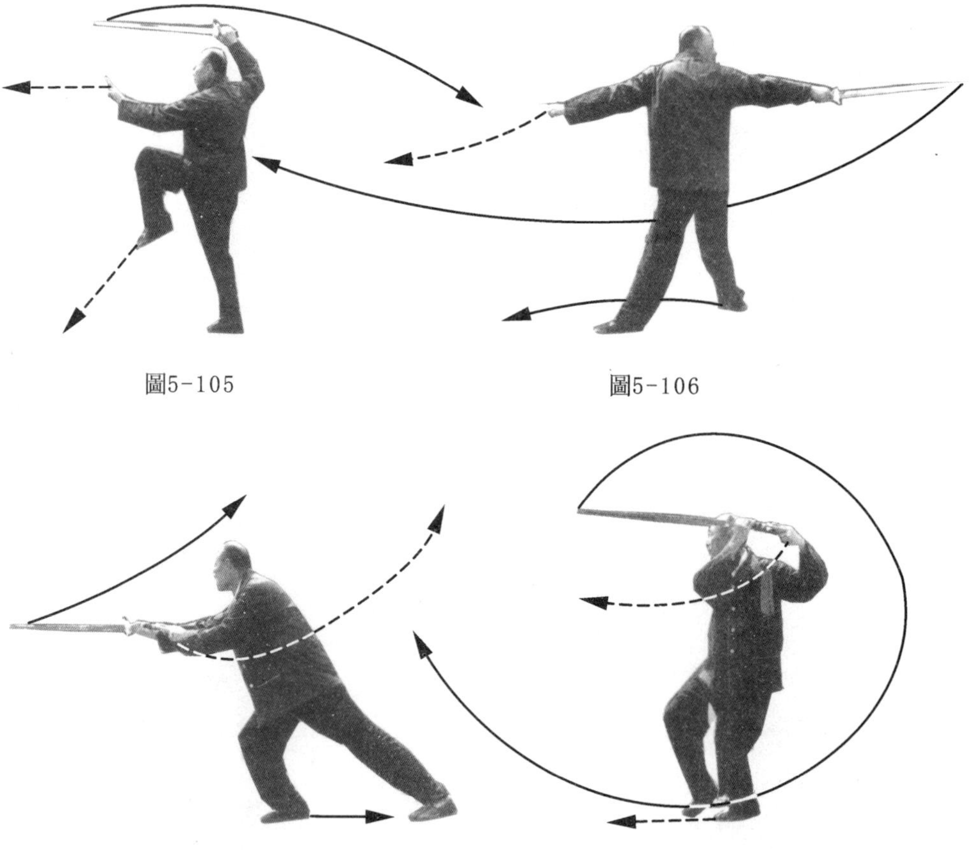

圖5－105　圖5－106

圖5－107　圖5－108

（4）左進反撩：右手揮劍經身體左側向後向下向前劃立圓反撩，訣指扶於右腕；同時，右脚踏實，左脚前進一大步屈膝前弓，右脚後蹬成弓箭步；目視劍鋒（圖 5－109）。

（5）回身後劈：右手揮劍向右後虛劈，兩臂展平；上體隨向右轉；目視劍鋒（圖 5－110）。

（6）右進前撩：同（2）（圖 5－111）。

46. 進步掃劍

（1）虛步抱劍：右手帶劍回抽，使劍身橫平於頭部左側，訣指扶於劍墩；同時，右脚回收於左脚前，脚尖點地，左腿屈膝下蹲成跨虎步；目視劍尖所指方向（圖 5－112）。

圖5-109

圖5-110

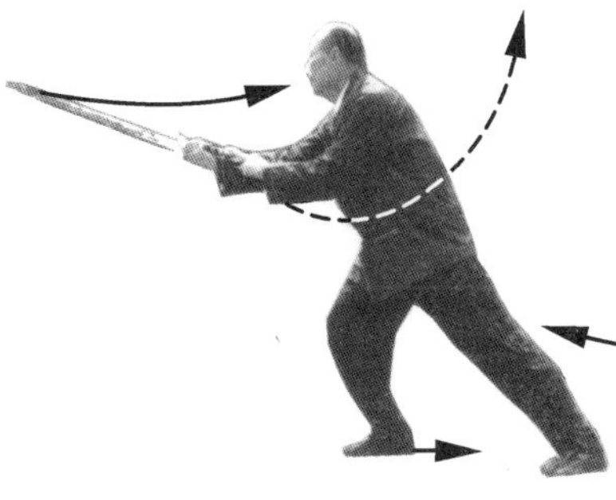

圖5-111

圖5-112

（2）歇步橫掃：右手揮劍經身體左側，自上向下向前橫掃，兩臂展平；同時，右腳前移，左腳向右腳後倒插，身左轉下蹲成歇步；目視劍鋒（圖 5－113）。

47. 裹鉤外掛

（1）轉身裹鉤：起身左轉 180 度；同時，右手握劍向左上鉤起，劍尖朝上，劍身豎直，訣指扶於右腕；目視劍鋒（圖 5－114）。

（2）獨立外掛：右劍外掛，劍身持平，訣指上托；右膝提起成獨立步；目視劍鋒（圖 5－115）。

48. 金鷄獨立

（1）落步後掛：右腳落下，向右轉體 180 度，右劍向右後下外掛，訣指扶於劍墩；兩腿絞緊綳直，左腳跟離地，腳掌支撐地面；目視劍鋒（圖 5－116）。

圖5-113

圖5-114

圖5-115

圖5-116

（2）獨立上架：右手握劍向後上劃弧，將劍身橫托於頭頂右上方，訣指前指；同時，左膝提起成獨立步；目視前方（圖5－117）。

第七段

49. 翻身劈面

（1）回身掛劍：右手握劍向左後掛，同時左腳落地，身向左轉，右腳跟離地，兩腿絞緊，左手握住劍把後端；目視劍鋒（圖5－118）。

（2）翻身劈擊：雙手揮劍向右劈擊；目隨劍走，注視劍鋒；同時，左腳向後撤一大步，右膝前弓成右弓箭步（圖5－119）。

50. 藏劍

（1）回身隱劍：右腳尖裏扣，左腳尖外擺，身體左轉180度，右膝微弓；右手持劍圍繞身體向左劃弧將劍身隱於左後，左手扶於右肩；目視前方（圖5－120）。

圖5－117

圖5－118

圖5－119

圖5－120

（2）虛步藏劍：右手持劍圍繞身體將劍身藏於身體右後，訣指前指；同時，身體重心後移，左腳跟離地成虛步；目視前方（圖 5－121）。

51. 轉身抱劍

（1）轉身左鉤：右手握劍由下向左上鉤起，劍身豎直；同時，身隨劍走向左扭轉，左腳踏實，右腳跟離地；訣指扶於右腕；目視劍鋒（圖 5－122）。

（2）歇步抱劍：身體繼向左轉屈膝下蹲成歇步抱劍勢（圖 5－123）。

52. 摘星劍

（1）開步斬荆：起身向右扭轉，右手揮劍向右前下橫掃；同時，右腳右開，屈膝前弓，左腿蹬直成右弓箭步；訣指上揚，兩臂展平；目視劍鋒（圖 5－124）。

圖5－121

圖5－122

圖5－123

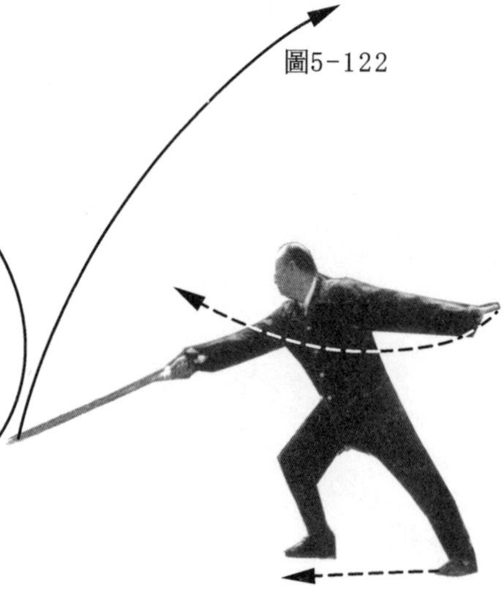

圖5－124

（2）并步上挑：右劍上挑，劍身竪直，訣指前指；左脚向右脚靠攏并齊，兩腿伸直，上體微向前傾；目視前方（圖5－125）。

53. 閃襠護胯

右手揮劍前劈後撩，訣指護於右肘；同時，右脚向後上抬起呈跑步狀；目隨劍走，注視劍鋒（圖5－126）。

54. 箭步撩劍

右手揮劍前撩；訣指後展，兩臂展平；右脚向前上一大步屈膝前弓成右弓箭步；目視劍鋒（圖5－127）。

55. 倒劍

右劍左倒，横平於身前，劍尖朝左；訣指按於右腕；目視劍鋒（圖5－128）。

圖5-125

圖5-126

圖5-127

圖5-128

56. 轉身斜掛

右脚裏扣，左脚回收，身體向左扭轉180度；右手持劍向左後斜刺，訣指扶於右腕；目視劍鋒（圖5－129）。

第八段

57. 二郎趕太陽

（1）、（2）、（3）進步正絞：左手劍指向左上揚起，左脚向前上步；同時右手持劍前伸，顺絞一圈，目視劍端；續向前進兩步，每進一步，顺絞一圈（圖5－130、圖5－131、圖5－132）。

圖5-129

圖5-130

圖5-131

圖5-132

（4）、（5）、（6）進步反絞：續向前進三步，每進一步，逆絞一圈（圖 5－133、圖 5－134、圖 5－135）。

58. 高祖斬蛇

（1）指天劃地：右劍高舉，兩脚并齊；訣指下指；目視前下方（圖 5－136）。

圖5-133

圖5-134

圖5-135

圖5-136

（2）提膝下斬：右劍下斬，訣指上托；左膝提起；目視劍鋒（圖 5－137）。

59. 指星望月八卦劍

（1）、（2）、（3）、（4）、（5）、（6）、（7）行步追扎：左脚落地，訣指前指，右劍橫托於右上方，劍尖朝前；目視訣指所指方向。按反時針方向環行轉走八步回原位（左脚落地為第一步）（圖 5－138、圖 5－139、圖 5－140）。

（8）雙手攔月：右脚向前上一步，與左脚相距兩肩寬，平行站立；身向左轉 90 度；訣指扶於劍面，雙手將劍身向上橫托；目視前上方（圖 5－141）。

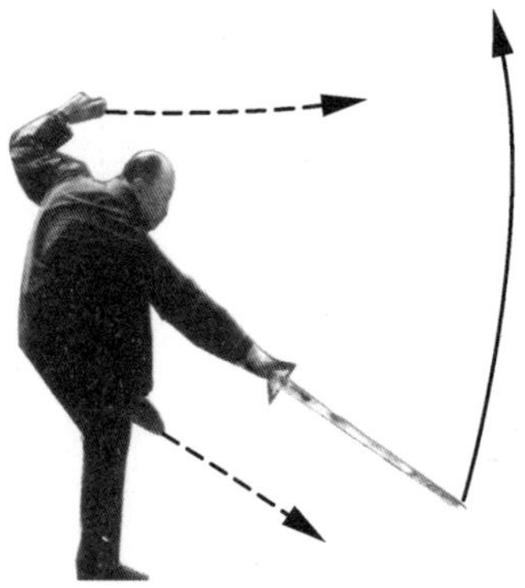

圖5-137

圖5-138

圖5-139

圖5-140

60. 三摇劍

（1）坐馬後劈：兩劈分展，右劍右劈；身體下蹲；目視劍鋒（圖 5－142）。

（2）右進前撩：右手握劍向左撩；身隨劍走左轉 90 度，右脚隨向左進一大步屈膝前弓，左腿蹬直成右弓箭步；訣指扶於右腕；目視劍鋒（圖 5－143）。

（3）虚步带劍：右劍由下向上向左後带；上體左轉 90 度，右脚回收至左脚前，脚掌着地；訣指扶於右腕；目視劍鋒（圖 5－144）。

圖5-141

圖5-142

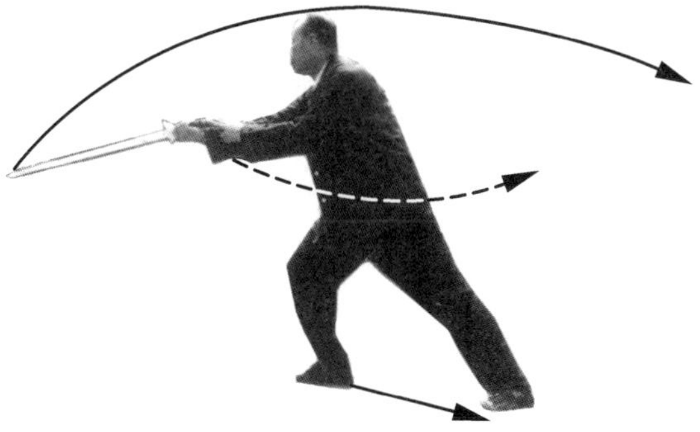

圖5-143

圖5-144

（4）墊步後劈：右脚前進半步，左脚隨後略微跟進；同時，右劍下劈如走馬抽鞭（圖 5－145）。

（5）左進反撩：右手揮劍向前下反撩，左脚上步成左弓箭步；目隨劍動，注視劍鋒（圖 5－146）。

（6）回馬加鞭：右手揮劍向右後劈擊；同時，身向右轉 90 度，兩臂分展；身向後坐，重心寄於右腿；目視劍鋒（圖 5－147）。

（7）右進前撩：同（2）（圖 5－148）。

圖5-145　　圖5-146

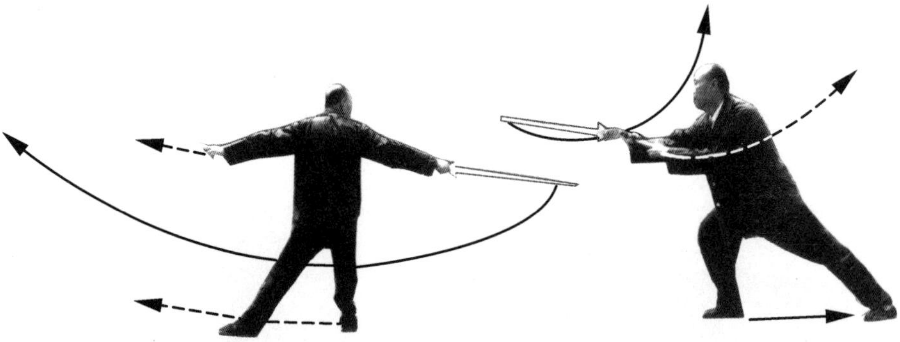

圖5-147　　圖5-148

（8）虛步捧劍：右手帶劍回抽，將劍身橫平於頭部左側，劍尖朝前，訣指扶於劍墩；同時右腳收至左腳前，腳掌着地成跨步，身體下蹲，重心寄於左腿；目視劍鋒前方（圖 5－149）。

61. 雲碎地

（1）帶劍佯敗：身向左轉 90 度，右劍向左後劃弧落平，右腳後撤一大步（此為偷步），右腿伸直，左腿屈膝成弓箭步；訣指扶於右腕；目視劍鋒（圖 5－150）。

（2）偷步掃蹄：右手揮劍向後下橫掃；同時，身向右轉 90 度，左腳向右腳後倒插，身體下蹲成歇步；訣指點於左肋；目視劍鋒（圖 5－151）。

62. 轉身揚劍

（1）分臂圈掤：起身，兩手外撐；目視劍鋒（圖 5－152）。

圖5-149

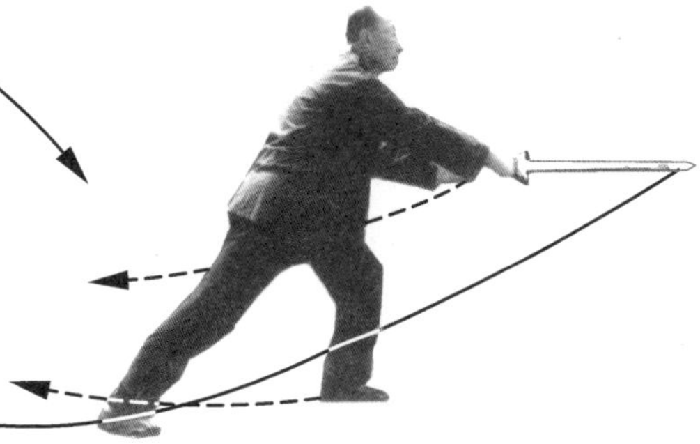

圖5-150

圖5-151

圖5-152

（2）轉身盤旋：右手握劍由下向上挑起；身隨劍走向左旋轉 180 度；兩臂伸展形同雄鷹盤旋；目視劍鋒（圖 5－153）。

63. 交劍

（1）夾柄反提：右劍向左下滑，右手翻腕將劍身向外翻折，虎口夾提劍柄，劍尖朝下，訣指自然落下；目視劍柄（圖 5－154）。

（2）訣指點按：左手訣指點按於劍柄；右脚移於右側落實，左脚跟離地（圖 5－155）。

（3）接劍沉鐔：左手反接握劍把，劍鐔下沉，右手變為訣指隨之下沉；上體微向前傾；目視前下（圖 5－156）。

圖5-153

圖5-154

圖5-155

圖5-156

(4) 回首左盼：訣指劃弧至頭頂右上方，手心托天、指尖朝左；左手攜劍向左回帶，劍身貼於左臂外側；上體向左扭轉；目視左方（圖 5－157）。

64. 收式

(1) 撤步托月：右脚移於右側，身體重心寄於右腿；右手訣指向前落下，後溪穴貼於肚臍（圖 5－158）。

(2) 并步揚臂：左脚回收與右脚并齊；右手訣指向右上劃弧，手心托天；目視前方（圖 5－159）。

(3) 右臂右伸：右手訣指向右平指；目視右方（圖 5－160）。

圖5-157

圖5-158

圖5-159

圖5-160

（4）訣指下垂：右手訣指自然落下，垂於身體右側；目視前方（圖 5－161）。

（5）鋼鋒入鞘：左手向前上抬起，将劍身斜横於身體左側腰間；右手捏劍墩，意示收劍入鞘（圖 5－162）。

（6）佩劍歸原：右手自然落下，整體恢復预備姿势（圖 5－163）。

圖5-161

圖5-162

圖5-63